LES PROBLÈMES

DE

LA LOGIQUE

LES PROBLÈMES

DE

LA LOGIQUE

PAR

PAUL CORDIER

PARIS

BIBLIOTHÈQUE INTERNATIONALE D'ÉDITION

E. SANSOT ET Cie

7, RUE DE L'ÉPERON, 7

1916

PRÉFACE

Ce livre est le premier d'une trilogie embrassant la Logique, l'Éthique et l'Esthétique. Ce n'est pas, à proprement parler, un traité de logique : nous nous bornons à considérer dans un certain ordre syntaxique; il est vrai, les principales questions controversées par les logiciens et à tâcher de les résoudre. La première question qui se pose est la suivante : Peut-on penser sans parler? Nous y répondons par la négative. Suivent d'autres problèmes, par exemple celui de l'induction et de son fondement si discuté encore de nos jours, celui de la classification des sciences qui nous conduit à déterminer les caractères essentiels distinguant les sciences physiques des sciences mathématiques, les sciences cosmologiques des sciences noologiques.

Citons encore des considérations originales pensons-nous, sur le principe d'identité que nous ramenons à une intuition primordiale non seulement conceptuelle mais perceptuelle. A un point de vue plus spécial nous montrons que, contrairement à l'opinion courante, les mathématiques sont plus des sciences d'observation et même d'expérimentation que des sciences de raisonnement. Le syllogisme des logiciens n'y joue aucun rôle par la raison toute simple qu'il n'y a pour ainsi dire pas de genres en mathématiques ; il y a bien ce qu'on a appelé improprement le syllogisme des mathématiciens $A = B$; $C = A$; donc $B = C$; reposant sur le principe d'identité ; mais s'il est en effet d'application fréquente en mathématiques, il ne suffit pas à constituer la science mathématique, dont la merveilleuse richesse et l'extrême complexité contrastent

avec la pauvreté et la simplicité de ce principe d'intuition et d'évidence. Entre temps
(notes) nous montrons aussi qu'en géométrie
les postulata, même le fameux postulatum
d'Euclide, ne sont pas des axiomes et nous ter-
minons par quelques aperçus géométriques
complémentaires.

Le lecteur ne manquera pas de s'apercevoir
en lisant les Problèmes de la Logique que
nous envisageons plusieurs questions au point
de vue idéaliste, qui est celui auquel nous nous
plaçons dans un autre ouvrage dont la publi-
cation a été retardée par la guerre et qui
paraîtra en même temps : Les Trois États psychiques. Essai de synthèse idéaliste.

Clamart, le 18 décembre 1915.

LES PROBLÈMES DE LA LOGIQUE

CHAPITRE PREMIER

LA PENSÉE AU POINT DE VUE PHYSIOLOGIQUE

La pensée, non prise au sens très général (trop général) de conscience, que lui donne Descartes, mais au sens restreint et précis d'action d'abstraire, de juger, de raisonner, est impossible sans le secours du langage. Par un instinct admirable des langues, le mot grec λογος désigne tout à la fois la raison et la parole, comme aussi le mot latin *verbum*, d'où Verbe, à la fois pensée et parole divine. La pensée est un « parler mental » qui est fondamentalement identique au « parler vocal » ;

la seule différence (différence purement su-
perficielle), c'est que celui-ci est entendu et
que celui-là ne l'est pas. Essayez de faire un
raisonnement, d'énoncer un jugement, même
d'abstraire une idée, vous ne pourrez y par-
venir, sans *formuler* votre raisonnement,
votre jugement, votre abstraction mentalement; c'est-à-dire sans lui donner une *forme*
verbale au moyen de la parole intérieure, laquelle n'est qu'un enchaînement de mots à
l'état *d'images auditives faibles*, comme la
parole extérieure est un enchaînement de mots
à l'état *d'images auditives fortes*. Et ce qui le
prouve c'est que dans le sommeil ce parler
mental devient immédiatement parler verbal
imaginaire (rêve) ou réel (somniloquisme).
La parole intérieure n'est pas seulement intra-
cérébrale, mais encore extra-cérébrale ; elle
est toujours accompagnée d'une ondulation
ou vibration neuro-musculaire, courant le
long des fibrilles des nerfs et des muscles,
qu'on sent très bien, pour peu qu'on y prête
attention, dans les muscles du larynx et

même dans les muscles des lèvres. Je ne doute pas que l'expérimentation physiologique ne puisse un jour, si elle ne l'a fait déjà, déceler au moyen d'instruments de précision les mouvements fibrillaires précités, rudiments des contractions parfaites et complètes qui coexistent avec le parler vocal. L'enfant et l'idiot ne peuvent guère penser que tout haut ; l'adulte et l'homme sain d'esprit, mais de culture grossière, sans penser toujours tout haut, pense en marmottant. Il n'est pas jusqu'à l'homme cultivé lui-même qui parfois ne pense en remuant les lèvres et, quand il ne le fait pas, il n'en « formule » pas moins sa pensée au moyen d'une parole intérieure réduite à sa plus simple expression mais constituée encore par des mots et des syllabes bien distincts ayant pour corrélatif une activité, si réduite qu'elle soit, des organes de la parole. C'est ce que viennent corroborer les études de Sietchinov, pour qui (ce sont ses propres termes) il n'y a pas de pensée sans expression, sans une contraction mus-

culaire et ses conclusions sont que « si la
réflexion est un peu intense, il y a toujours
un commencement de la parole, le larynx, la
langue, la mâchoire même exécutant de petits
mouvements.

CHAPITRE II

LA PENSÉE AU POINT DE VUE PSYCHOLOGIQUE

La psychologie vient à son tour confirmer ce que nous apprend à ce sujet la physiologie. Sans les mots, en effet, il n'y aurait ni abstraction, ni jugement, ni raisonnement possibles, ainsi que nous allons le démontrer.

a) Les objets, les corps sont des complexus, des synthèses de qualités primaires et secondaires (étendue, forme, couleur, etc.) intimement et *indissolublement* unies dans la perception et dans la conception. Il nous est impossible de voir l'étendue et la forme, sans voir en même temps la couleur, ou la couleur sans voir en même temps l'étendue et la forme. Sans doute quand je vois ou regarde un objet, ce peut être plus spécialement la couleur ou plus spécialement la forme qui fixe mon attention, qui est la note dominante, les autres qualités en étant, pour ainsi dire, les harmoniques. Mais cette note dominante ne saurait être séparée de ses harmoniques sans le secours d'un mot : la rougeur et la sphéricité étaient intimement unies et simultanément perçues dans l'objet, cette cerise par exemple, même si c'était l'une ou l'autre qui fût l'impression dominante; or les mots rouge ou rougeur, sphérique ou sphéricité, peuvent être, eux, perçus ou conçus séparément et ce sont eux seuls qui constituent ce qu'on appelle faussement idées abstraites et qui ne sont que des mots abstraits. Une fois incorporées, pour ainsi dire aux mots rouge ou sphérique les qualités inséparables *in concreto, in re* deviennent séparables *in abstracto, in verbo*.

b) Les idées étant par le procédé expliqué ci-dessus disjointes artificiellement et *verba-*

lement les unes des autres (par exemple la rougeur de la sphéricité) ou du complexus dont elles faisaient partie (par exemple la rougeur et la sphéricité de l'objet rouge et rond) le jugement, qui serait impossible sans cela, puisqu'il est essentiellement *analytique*, consiste à les réunir de nouveau artificiellement et verbalement dans la proposition au moyen du verbe « être » servant de copule, comme elles l'étaient naturellement et réellement dans la perception. Le jugement en d'autres termes est l'analyse verbale dont la perception est la synthèse réelle.

Le mot allemand *Urtheil* (jugement) c'est-à-dire étymologiquement division, distinction primordiale, de *theilen* séparer, partager, montre bien ce caractère analytique, disjonctif du jugement. Sans doute le jugement consiste à joindre le sujet à l'attribut et en ce sens il est conjonctif, ce que nous n'entendons pas (on pourrait nous mal comprendre) contester : mais nous voulons dire que les idées conjointes dans la perception

sont disjointes dans la proposition qui constitue le jugement et que sans cette disjonc-
tion au moyen des mots, le jugement ne serait
pas possible puisque les qualités constituant
l'attribut ne sauraient être sans mots séparées
du sujet comme elles le sont incontestablement dans la proposition constituant le jugement

Le mot juger, forte contraction de *judicare*
= *jus dicere*, indique très bien que le jugement est toujours une phrase composée de
mots, et ne peut être distingué, comme le
pensent la plupart des psychologues et des
logiciens, de la *proposition*. Le mot « prédicat » de *prædicare = præ dicere*, le prouve
également, l'attribut étant *ce qui est dit* du
sujet. « Juger, dit Goblot (*Vocabulaire philosophique*) sans préciser davantage, c'est affirmer ou nier. On ne peut mieux exprimer
que le jugement est verbal, c'est-à-dire n'est
possible qu'avec le secours des mots, qu'il ne
fait que confirmer, par des mots séparés
réunis au moyen de la copule, l'union qui existe

entre les idées dans la perception ou la conception. Enfin le mot nier de *negare = nec aio*, signifie ne pas affirmer, ne pas *dire* ou *dire* non, comme *aio* signifie affirmer, *dire* ou *dire* oui.

c) Le jugement étant impossible sans le secours du langage, il en est de même du raisonnement, qui exprime les rapports entre les jugements comme le jugement exprime un rapport entre les mots. L'impossiblilité est même plus évidente encore, car la majeure et la mineure, qui constituent avec la conclusion le raisonnement, sont le plus souvent des propositions où les termes représentent des genres, des idées générales qui n'ont aucune réalité non seulement dans la proposition, mais dans la perception.

CHAPITRE III

NATURE ET OBJET DE LA LOGIQUE

Nous avons, dans le chapitre précédent, montré les avantages du langage articulé auquel certains philosophes s'obstinent à n'attribuer qu'un rôle subalterne, on se demande pourquoi, puisque c'est peut-être le seul caractère qui fasse la supériorité de l'homme sur l'animal, supériorité que ces philosophes ont surtout à cœur d'établir, même en l'exagérant. C'est en effet le langage qui nous permet, ainsi que nous venons de le prouver, d'abstraire, de juger et de raisonner. Mais à côté des avantages le langage a des désavantages qu'il importe, dès l'abord, de

faire ressortir ici, ce qui nous permettra de
définir l'objet de la logique dont nous nous
occupons plus spécialement dans ce livre et
dont les chapitres ɪ et ɪɪ surtout physiologique
et psychologique ne sont que des chapitres
préliminaires.

La perception et la conception ne peuvent
être entachées d'erreur : on l'a souvent dit
et redit, il n'y a pas en réalité d'erreur des
sens, pas plus des sens internes, que des sens
externes. Nos perceptions et nos conceptions
portent soit sur des images ou des idées considérées isolément soit sur les rapports existant entre ces images ou ces idées.

a) L'image que je vois en rêve ou dans une
hallucination, l'idée de ma représentation
mentale peuvent ne pas être adéquates à
l'image de l'objet vu normalement pendant la
veille, mais elles n'en sont pas moins, en tant
que perçues ou conçues, en tant que faits
donnés immédiatement et intuitivement dans
la conscience, incontestablement réelles.
L'image d'un objet vu à une distance de quatre

cents mètres ou davantage peut ne pas être
adéquate quant à la forme et à la grandeur à
l'image de cet objet vu à une distance de dix
mètres ou à une distance moindre, mais elle
n'en est pas moins, en tant que perception,
réelle. L'image d'un objet vu au microscope,
tout en n'étant pas adéquate à l'image de cet
objet vu à l'œil nu, n'en est pas moins une
réalité perceptuelle évidente. Nous rentrons
d'ailleurs dans le cas précédent car on sait que
c'est en rapprochant l'image de notre œil que
le microscope nous fait voir l'objet agrandi :
nous obtiendrions le même résultat en plaçant, par exemple, une pièce de deux francs
tout près de notre œil ; nous la verrions alors,
chacun peut en faire l'expérience, de la largeur
d'une pièce de cinq francs ; et, soit dit en pas-
sant, le télescope, remarque assez piquante,
ne rapproche pas l'image, ainsi qu'on le pense
généralement, mais l'agrandit et, comme par
suite d'une habitude acquise nous associons
les idées d'éloignement et de petitesse, les
idées de rapprochement et de grandeur, nous

jugeons l'objet rapetissé plus loin et l'objet agrandi, plus près de nous. Enfin l'image déformée vue. dans un miroir cylindrique ou convexe ou concave ou bien encore l'image dédoublée vue par la double réfraction du spath d'Islande, tout en n'étant pas adéquates à l'image de l'objet vu indirectement dans un miroir plan ou directement sans miroir ne sont pas moins réelles non plus, indubitables, incontestables et ne sauraient être qualifiées d'erreurs des sens.

b) Il en est de même si la perception ou la conception porte sur les rapports existant entre les idées. Si, atteint de daltonisme, je vois (rapport d'adhérence) vert un cercle que, avec une vue normale je verrais rouge, la perception synthétique de ce rapport entre la forme et la couleur qui, dans le jugement sera analytique et se traduira par cette proposition : le cercle est vert, pour être inadéquate à la perception normale n'en est pas moins la perception d'un rapport réel que je ne puis révoquer en doute. Si (rapport d'égalité) je vois le soleil et la lune, dans certains cas à peu près d'égale grandeur, ce rapport, pour n'être pas adéquat au rapport déduit des calculs astronomiques, n'en est pas moins lui aussi d'une réalité indubitable.

Or pourquoi nos perceptions et nos conceptions ne sont-elles jamais entachées d'erreur? Parce que leur réalité, c'est-à-dire leur manifestation, est indépendante des mots qui les expriment, parce qu'on peut percevoir et concevoir sans mots dans l'objet concret les qualités primaires et secondaires indissolublement unies et les rapports synthétiques entre ces qualités primaires et secondaires. Mais si, de la perception ou de la conception des idées ou des rapports entre les idées nous passons à l'expression de ces idées (dénomination) ou des rapports entre ces idées (jugement) c'est alors seulement qu'apparaît la distinction entre la réalité et l'irréalité, entre la vérité et l'erreur. *a*) Un mot assurément en tant qu'image visuelle ou auditive graphique ou phonétique, est toujours en lui-

même, comme toute perception visuelle ou
auditive, réel; mais, en tant que signe, il n'est
réel que s'il désigne une réalité perceptuelle
ou conceptuelle, quelque chose de percevable
ou de concevable et il est irréel (j'entends il
est un signe irréel) s'il ne désigne rien; tels
sont en général les mots négatifs ou privatifs
pris dans un sens absolu, par exemple:
inétendu, infini, indéterminé, inconscient,
néant, et l'erreur des gens est précisément de
prendre ces mots pour des choses. Il en est
de même, ainsi que nous l'avons vu, des
termes généraux comme l'homme, l'arbre, ou
le triangle, le cercle, qui ne sont les signes
d'aucune réalité perceptuelle ou conceptuelle;
et notre erreur est encore précisément de les
prendre pour des choses. *b*)Je ne puis percevoir ou concevoir un cercle quand je perçois
ou conçois un carré, mais je puis, connaissant mal la langue, *nommer* un cercle un
carré ou un carré un cercle et mon erreur
n'est que verbale. Je ne me trompe que parce
que je prends les mots dans une acception

erronée. Nous en dirons autant des rapports entre les idées exprimées analytiquement par les jugements.

b) Le jugement que je porte est vrai s'il exprime un rapport existant synthétiquement dans ma perception ou ma conception; il est erroné s'il exprime un rapport verbal qui ne correspond à aucun rapport réel. Par exemple si connaissant mal la langue, je prends le mot rouge pour le mot vert et dis : les feuilles de cet arbre sont rouges, mon erreur encore n'est que verbale car il me serait impossible, si je prenais les mots dans leur acception exacte de dire que ce que je vois vert est rouge. Au lieu de me tromper sur l'acception des mots, je puis me tromper sur leur extension ou leur compréhension. Si je crois que les ruminants sont tous les mammifères, ce ne peut être que par une erreur verbale qui me fait prendre, dans cette proposition : tout ruminant est mammifère, c'est-à-dire *quelque* mammifère, le mot mammifère dans toute son *extension*. Si je pense que *le caractère* des ruminants est d'être des mammifères, c'est-à-dire d'avoir des glandes mammaires, ce ne peut être également que par une erreur verbale qui me fait prendre dans cette proposition : les ruminants sont des mammifères, le mot ruminant dans une *compréhension* trop limitée, car outre tous les caractères des mammifères autres que les glandes mammaires, les ruminants ont encore des caractères qui leur sont propres.

c) Si des jugements nous passons aux rapports entre les jugements, c'est-à-dire aux raisonnements, il en est de même. Si de : tous les ruminants sont des mammifères ; le cheval est un mammifère ; je conclus que le cheval est un ruminant, ce ne peut être que parce que prenant mammifères dans toute son *extension* je *convertis* la majeure, alors pour moi une toto-totale, en : tous les mammifères sont des ruminants et alors évidemment le cheval étant un mammifère doit être aussi un ruminant. Si enfin, pour reprendre l'exemple ci-dessus, de : les ruminants sont des mam-

2

mifères; les carnivores sont des mammifères;
je conclus que les ruminants et les carnivores
ont les mêmes caractères génériques, c'est
que je prends ruminants et carnivores dans
une *compréhension* plus petite que leur compréhension véritable qui n'est pas seulement
la présence de glandes mammaires, mais, chez
les premiers, la présence d'un estomac com-
posé, de pieds artio-dactyles pourvus de sa-
bots, etc., et chez les seconds, la présence d'une
dent dite carnassière entre les molaires et
les prémolaires, l'absence de cæcum; etc.

Il suffit de se reporter aux règles du syllogisme pour se convaincre que la justesse
ou la fausseté d'un raisonnement dépend,
le plus souvent, de l'*extension* ou de la *compréhension* exacte ou inexacte des termes,
selon qu'on se place comme dans la logique
médiévale au point de vue de l'extension ou
comme dans la logique aristotélicienne au
point de vue de la compréhension. En résumé
donc l'erreur d'un jugement ou la fausseté d'un
raisonnement est toujours verbale, elle pro-

vient toujours d'une « *ignoratio elenchi* ». Or la
logique a précisément pour but, en nous éclai-
rant sur la valeur des mots, principalement
sur leur extension et leur compréhension, de
nous faire éviter de telles erreurs. La logique
n'a pas d'autre rôle, elle est essentiellement
verbale comme l'indique très bien le mot
lui-même (λογος, discours). D'ailleurs discuter,
disputer ne sont-ils pas synonymes de dis-
courir? C'est en fin de compte la science (ou
l'art) qui nous apprend à *parler* rationnelle-
ment (ce parler pouvant être mental, c'est-à-
dire la pensée) comme la grammaire est la
science (ou l'art) qui nous apprend à parler
correctement. Elle nous empêche de nous *con-*
tredire ou de nous *redire*, de commettre des
antilogies ou des *tautologies*, le plus souvent
imputables précisément encore à l'extension
ou à la compréhension vicieuse donnée aux
mots. Ainsi, le moyen terme n'étant pas pris
au moins une fois universellement (3ᵉ règle),
quand les deux prémisses sont des particulières affirmatives, on ne peut (8ᵉ règle) con-

clure qu'antilogiquement ou tautologique-
ment ; ce bœuf est un mammifère ; ce cheval
est un mammifère ; pas de conclusion où,
soit une conclusion antilogique : ce bœuf
est ce cheval ; soit une conclusion tautologique : ce bœuf et ce cheval sont des mammifères.

Enfin la logique est purement formelle, indépendante de son contenu réel ou irréel,
vrai ou erroné.

a) *Jugement*. Si je considère erronément ou
arbitrairement les serpents comme faisant
partie de la classe *des mammifères*, le jugement suivant : tous les serpents sont des
mammifères, est juste *logiquement* puisque
dans mon esprit *l'extension* du terme ser-
pent est contenue dans *l'extension* du terme
mammifère, tout en étant erroné *réellement*
et objectivement. Inversement, si je considère erronément ou arbitrairement les mammifères comme appartenant à l'ordre des
ruminants (mammifère étant ainsi une *espèce*
dans le *genre* ruminant) et que je dise : tous

les ruminants sont des mammifères, mon jugement est *logiquement* faux, tout en étant réellement et objectivement vrai.

b) Raisonnement. Un raisonnement peut être juste tout en étant formé de jugements er- ronés, portant sur des faits non constatés ou contraires aux faits constatés. Exemple : tous les poissons sont des mammifères (erroné), or le boa est un poisson (erroné) donc le boa est un mammifère (erroné). La 3ᵉ proposition on le voit, est *erronée* comme jugement, mais *juste* comme conclusion dé- coulant logiquement des prémisses. Inverse- ment un raisonnement peut être faux tout en étant formé de jugements vrais, portant sur des faits constatés. Exemple : quelques mammifères sont des ruminants (vrai) ; or, les cétacés sont quelques mammifères (vrai) ; donc les cétacés sont des ruminants (erroné). La 3ᵉ proposition est à la fois *erronée* comme jugement et *fausse* comme conclusion ne dé- coulant pas logiquement des prémisses.

La remarque suivante nous montrera encore

que la logique est purement formelle : on
pourrait, dans les jugements et les raisonnements, remplacer les termes par des lettres,
ce qu'on fait très souvent d'ailleurs dans les
traités classiques : Tout x est quelque z; or
y est quelque x; donc y est quelque z (abstraction faite de ce qu'est ou de ce que n'est pas
soit x, soit y, soit z.

CHAPITRE IV

L'IDÉE
ABSTRACTION ET GÉNÉRALISATION

Laissant provisoirement de côté la question de savoir si ce qu'on appelle ainsi mérite toujours cette appellation consacrée par l'usage, nous diviserons les idées en deux grandes classes : *A*) les idées singulières données dans la conception, et représentant des individus ; *B*) les idées générales, obtenues par généralisation et représentant des *genres*. Chacune de ces classes à son tour se subdivise en : *a*) idées complexes formées d'idées élémentaires unies dans la conception en un tout ou complexus concret ; *b*) idées simples constituées par ces idées élémentaires elles-

mêmes séparées par abstraction de ce tout ou
de ce complexus. C'est ce que nous résume-
rons, en donnant des exemples, dans le tableau
d'ensemble ci-dessous qui nous servira de base
pour les considérations suivantes sur l'abstraction et la généralisation.

IDÉES.	A. Individuelles.	*a)* Complexes : cette pomme.
		b) Simples : cette couleur, cette forme.
	B. Générales . .	*a)* Complexes : la pomme.
		b) Simples : la couleur, la forme.

1° *Abstraction*. — Etant donné *un seul objet*, que je vois (perception) ou auquel je pense
(conception) l'abstraction proprement dite,
que nous appellerons analytique consiste à
séparer (*ab-s-trahere*) *verbalement* et *artificiellement* une qualité élémentaire, couleur
ou forme, par exemple, du complexus auquel
elle se trouve indissolublement unie *réellement* et *naturellement* dans la perception ou
la conception. Exemples : cette forme sphérique, cette couleur rouge (idées simples indi-

viduelles) séparées de cette pomme (idée complexe individuelle); la forme sphérique, la couleur rouge (idées simples générales) séparées de la pomme (idée complexe générale).

2° *Généralisation*.—Etant donnés *plusieurs objets*, la généralisation, que nous appellerons abstraction synthétique, consiste à éliminer *les caractères propres* à chaque objet, pour ne considérer que *les caractères communs* à tous et, au moyen de ces caractères communs ou *caractères génériques*, constituer ce qu'on appelle des *concepts généraux* appelés *genres*. La généralisation est une abstraction puisqu'elle considère séparément les caractères communs en les isolant des caractères propres; en outre c'est une abstraction synthétique puisque ces caractères communs sont réunis synthétiquemment dans ce *complexus abstrait* appelé genre.

Il convient toutefois de distinguer. Si nous nous plaçons au point de vue de l'extension, le genre, en tant que collection réelle d'individus déterminés (quoique indéfinis en

nombre) est bien un *complexus concret*, constitue une idée générale concrète réelle. Mais
si nous nous plaçons au point de vue de la
compréhension, c'est-à-dire si le genre est
considéré comme une collection non plus
d'individus mais de caractères communs,
comme ces caractères communs sont verbalement et artificiellement séparés des caractères propres auxquels ils sont unis réellement et naturellement, nous sommes bien
cette fois en présence d'une idée générale abstraite irréelle.

Or, quand nous disons le vertébré ou
l'homme ou le triangle (c'est-à-dire le vertébré ou l'homme ou le triangle en général)
c'est évidemment au point de vue de la compréhension que nous nous plaçons et non au
point de vue de l'extension : par le vertébré
ou l'homme ou le triangle, personne n'entend
la collection des vertébrés ou des hommes ou
des triangles, mais la collection des caractères génériques, par exemple pour le *vertébré :* système nerveux dorsal, système cir-

culatoire ventral, etc. et, caractère principal
servant à désigner l'embranchement, système *vertébral*. C'est ce que nous avons inci-
demment développé dans « Les Trois États
psychiques ».

Bref, pour reprendre notre argumentation,
ce qu'on appelle (de plus en plus rarement d'ailleurs) idées générales, concepts généraux,
ne sont que des mots généraux ou mieux des
termes généraux (comme on les appelle de
plus en plus dans les traités modernes). Comment le vertébré ou l'homme ou le triangle
en général seraient-ils des concepts, puisqu'on ne peut pas plus se les représenter conceptuellement que perceptuellement? Assurément ces termes généraux ont un contenu
réel, *enveloppent* des réalités, mais toujours
en tant que s'appliquant à la collection
concrète des individus faisant partie du genre
et non à la collection abstraite des caractères
communs.

Ce n'est pas *l'homme* « *in abstracto* » (le
genre compréhensif homme) qui est mortel,

ce sont *les hommes « in concreto »* (le genre extensif homme) qui sont mortels. On ne manquera pas d'objecter : si le vertébré en général, n'a aucune réalité en tant que conçu (*in abstracto*) comme l'animal constitué uniquement par des vertèbres (en supposant pour simplifier que ce fût le seul caractère commun) *la vertèbre*, elle, le caractère commun qui constitue le genre, est bien quelque chose de réel, qu'on peut voir et toucher et se représenter perceptuellement ou conceptuellement. Mais non, ce que nous avons dit du *vertébré* en général nous pouvons le dire de *la vertèbre* en général.

La vertèbre, abstraction faite des caractères propres à chacune (procœliques, opisthocœliques ou amphicœliques, pourvues ou non d'apophyses épineuses ou transverses ou articulaires) pour ne considérer que le caractère commun à toutes, n'a aucune réalité objective dans aucun animal de l'embranchement. On objectera encore qu'il est possible de trouver ce caractère commun, par exemple le corps de la vertèbre, dans la vertèbre réduite à sa plus simple expression, celle de l'amphioxus je suppose. Mais non encore, car dans l'embranchement, dans les diverses vertèbres, les corps vertébraux ont encore des volumes et même des formes différentes.

La question n'est que reculée du vertébré en général à la vertèbre en général, de la vertèbre en général au corps vertébral en général, et on aurait beau la reculer ainsi à l'infini on serait toujours en présence d'un caractère commun abstrait et non d'un caractère commun concret. Toutefois, même en se plaçant au point de vue de la compréhension, les termes généraux ont aussi un contenu réel enveloppant des réalités, mais seulement en tant que les caractères communs qui n'ont aucune réalité *in abstracto* en ont une *in concreto* dans tel ou tel individu ou mieux dans chaque individu du genre.

Remarque. — Ce qui illusionne les *réalistes* c'est que, quand ils pensent, je suppose, au triangle en général, c'est-à-dire parlent

3

(vocalement ou mentalement) du triangle en général, leur abstraction n'est pas complète, c'est qu'ils laissent subsister dans leur esprit un *résidu* qui leur permet encore de concevoir c'est-à-dire de se *représenter* le triangle. Si, par exemple, ils font abstraction de l'égalité de trois côtés (triangle équilatéral) ou de deux côtés (triangle isocèle), ils conservent *nécessairement* l'inégalité des trois côtés (triangle scalène). Si, ensuite, ils font abstraction de *la grandeur relative* des côtés inégaux de ce triangle scalène, ils laissent alors subsister, comme résidu, *la grandeur absolue* des côtés, qui fait que le triangle a un périmètre plus ou moins grand et une aire plus ou moins grande. Ou, inversement, s'ils font abstraction de la grandeur absolue, ils laissent subsister la grandeur relative. Mais si l'abstraction est complète, s'il n'y a plus, soit sous le rapport de la grandeur absolue soit sous le rapport de la grandeur relative *aucune détermination résiduelle*, il ne reste plus que le mot triangle, le « *flatus vocis* » des nominalistes.

Disons encore que le genre est toujours fictif et *artificiel*, du moins quand il s'applique aux choses de la nature, parce que les caractères communs servant à constituer les différents genres ne le sont que si l'on fait abstraction des espèces intermédiaires. Étant donnée la loi de continuité entre les êtres, dont nous nous occuperons plus loin, toute classification *naturelle* est impossible : la classification de Cuvier est tout aussi *artificielle* que celle de De Blainvillé, précisément à cause des espèces intermédiaires. Dans le règne animal, entre les solipèdes et le tapir (rangés aujourd'hui dans le même ordre, l'ordre des périssodactyles) il y a pour ne citer que ceux-là, d'une part l'acériothérium et le lophiodon plus rapprochés du tapir, d'autre part le paléothérium et l'hipparion, plus rapprochés du cheval. Entre les mammifères et les oiseaux, il y a l'échidné et l'ornithorynque ; entre les oiseaux et les reptiles, le ptérosaure ; entre les poissons et les amphibiens, l'anolotl ; entre

les vertébrés et les invertébrés, les prochor-
dés, etc. Dans le règne végétal, entre les
légumineuses et les rosacées, il y a les mimosées et les amygadalées ; entre les papavéracées et les crucifères, les fumaria-
cées, etc., etc.

Nous verrons dans le chapitre suivant que
nous avons critiqué comme impropres les
mots universel et particulier employés pour
désigner respectivement les propositions où
le sujet est pris dans toute son extension et
les propositions où le sujet est pris dans une
partie de son extension. Or, pour nous, universel et particulier pourraient être très utile-
ment employés de la façon suivante en les
appliquant aux idées ou mieux aux termes.

Un terme est *universel*, quand il désigne
tous les individus de l'univers. Exemple :
l'être, qui s'étend à tous les individus du
règne animal et du règne végétal, etc., de
l'embranchement des vertébrés et de l'embranchement des invertébrés, de la classe
des mammifères et de la classe des oi-

seaux, etc., de l'ordre des ruminants et de l'ordre des carnivores, etc. Un terme général ne peut être universel qu'en extension, mais jamais en compréhension. Ainsi Toto, un chat, comprend bien tous les caractères des félidés mais non ceux des canidés ; tous les caractères des carnivores, mais non ceux des insectivores ; tous les caractères des mammifères, mais non ceux des oiseaux ; tous les caractères des vertébrés mais non ceux des invertébrés ; tous les caractères des animaux mais non ceux des végétaux.

Un terme est *particulier*, quand il désigne une partie des individus et des caractères de l'univers. Exemple : en extension, mammifère qui s'applique à tous les individus des genres sous-jacents ou subalternes, mais qui ne s'applique pas aux individus des genres supérieurs ou des genres collatéraux. En effet, mammifère s'étend aux ruminants, aux carnivores, aux rongeurs, aux insectivores, etc. (genres inférieurs ou subalternes) mais il ne s'étend pas aux vertébrés et aux animaux (genres supérieurs ou prééminents), ni aux oiseaux, reptiles, amphibiens, poissons (genres collatéraux). Comme on le voit, d'une part, général n'est pas synonyme d'universel, puisqu'une idée peut être générale sans s'étendre à la totalité des êtres de l'univers ; et, d'autre part, général ne s'oppose pas à particulier, puisqu'une idée peut être générale tout en s'appliquant à une partie des êtres de l'univers. Enfin, une idée singulière ou individuelle, par exemple Toto, est particulière (Toto étant une partie, il est vrai, *indivise* des êtres de l'univers), sans être générale. Ainsi en haut de l'échelle, si l'on considère le genre éminent, l'être, général est synonyme d'universel ; en bas de l'échelle, singulier est synonyme de particulier. C'est pourquoi la critique que fait Goblot dans son vocabulaire philosophique, tout en étant légitime au sens où il entend universel et particulier comme s'appliquant aux propositions, ne l'est-elle pas du tout, comme s'appliquant aux idées ou aux termes.

Aussi, si le vulgaire emploie souvent spontanément universel pour général, particulier pour singulier, cet emploi est dans certains cas, sinon dans tous, justifié.

Donc en ce qui concerne les idées ou les termes :

1º Au point de vue absolu :

commun s'oppose à propre.

général   —   à singulier.

universel   —   à particulier.

2º Au point de vue relatif :

général s'oppose à spécial.

générique   —   à spécifique.

genre   —   à espèce.

Relativement, disons-nous, car le genre est espèce par rapport au genre immédiatement au-dessus et l'espèce est genre par rapport au genre immédiatement au-dessous, puisque l'espèce n'est qu'un genre qui a moins d'extension qu'un autre.

CHAPITRE V

LE JUGEMENT
QUALIFICATION ET DÉFINITION

I

Nous diviserons d'abord les jugements en deux grandes classes : A) les jugements de convenance ou de disconvenance, ou, de façon plus précise (en laissant de côté la disconvenance) de cohérence ou de cohésion ; B) les jugements de ressemblance ou de dissemblance, ou, de façon plus précise (en laissant de côté la dissemblance) de coïncidence ou de confusion, termes que nous allons expliquer et justifier.

Quand je dis : Cette pomme est rouge,

qu'est-ce que je veux dire? Que la rougeur convient, appartient à la pomme, coexiste dans la pomme avec la forme sphéroïdale, est inhérente ou mieux cohérente à la pomme. Le mot grec αρμονιζειν, convenir, étymologiquement s'articuler avec, marque bien que le rapport de convenance est un rapport d'inhérence, d'adhérence, ou mieux de cohérence. Quand, au contraire, je dis : Ces deux fruits sont rouges, par quoi j'entends sont exactement du même rouge, je veux dire, non que le rouge de l'un convient, appartient, tient, est adhérent, cohérent au rouge de l'autre, mais que, si je considère ces *deux* rouges du même rouge, abstraction faite des *deux* fruits auxquels ils appartiennent, ils se *confondront*, n'en feront plus qu'un *in abstracto* de *deux* qu'ils étaient *in concreto*. De même, quand je dis: Ce cercle-ci est égal à ce cercle-là, ou ces deux cercles tracés sur le tableau noir sont égaux, ce qui signifie en réalité : la grandeur de ce cercle-ci est égale à la grandeur de ce cercle-là, je veux dire que, considérés *in abstracto*, au lieu de l'être *in concreto*, les deux cercles superposés par la pensée coïncideront, se confondront en un seul. Enfin, si au lieu d'une identité partielle portant seulement sur la grandeur de deux objets, c'est-à-dire d'une égalité, nous considérons une identité totale entre deux objets, il s'agira encore d'un jugement de coïncidence ou de confusion. Quand je dis : Cet objet-ci est, par son volume, sa forme, sa couleur, etc., en un mot toutes ses qualités, identique à cet objet-là, cela veut dire que si je fais abstraction de leur situation dans l'espace, de leur localisation ici et là, ou de leur individualité distincte et indépendante comme corps, au lieu de faire deux *in concreto*, ils ne feront plus qu'un *in abstracto*.

On a voulu faire des jugements d'égalité des jugements doubles. Cela ne serait vrai que si l'on définissait grandeurs égales deux grandeurs égales à une troisième ; par exemple si $A = B$ était ramené à $A = x$; $B = x$: il y aurait bien alors non deux jugements d'ail-

leurs, mais trois, deux implicites $A = x$;
$B = x$; et un explicite, $A = B$, qui en serait la
conclusion ; mais si nous appelons grandeurs
égales, deux grandeurs qui n'en font plus
qu'une, si on les superpose réellement ou mentalement (ce qui est la vraie définition de l'égalité, voir chapitre x), $A = B$ signifie alors : la
grandeur A se confond avec la grandeur B,
ou si l'on veut le cercle A avec le cercle B.
Cette distinction étant faite entre les jugements de cohérence et les jugements de coïncidence, on peut se demander dans quelle
classe il faut ranger les jugements extensifs
ou compréhensifs dans lesquels le sujet ou le
prédicat ou tous les deux sont des termes
généraux. Or nous allons voir que si nous
nous plaçons au point de vue de la *qualité*,
ce sont des jugements de cohérence (de convenance ou de disconvenance) et que si nous
nous plaçons au point de vue de la *quantité*,
ce sont des jugements de coïncidence (d'égalité ou d'inégalité).

a) Qualité. — 1° La classe des mammifères

peut être considérée en extension comme une collection d'ordres (ruminants, carnivores, rongeurs, insectivores, etc.) de même que cette pomme peut être regardée comme une collection de qualités (volume, forme, couleur, consistance, etc.). En ce sens les ruminants appartiennent, tiennent à la collection mammifère, comme la couleur appartient, tient à la collection pomme. Donc quand je dis : Les ruminants sont des mammifères, cela signifie : les ruminants sont cohérents à la collection mammifère ; de même que, quand je dis : La couleur rouge est une qualité de cette pomme, cela signifie que la rougeur est cohérente au complexus pomme ; ou, en renversant les termes, la collection mammifère est considérée dans l'une de ses parties comme ruminante, comme la collection pomme est considérée dans l'une de ses qualités comme rouge.

2° La classe des mammifères peut-être considérée, en *compréhension*, comme constituée par une collection de caractères communs (glandes mammaires, cœur à quatre cavités, etc.) de même que la pomme peut être consi-dérée comme constituée par une collection de qualités (forme, couleur, etc.) Par consé-quent, « les ruminants sont des mammifères », signifie en compréhension : les glandes mam-maires appartiennent, tiennent au complexus de caractères : ruminant comme la couleur rouge appartient, tient au complexus de qualités : pomme. Il s'agit donc bien dans les deux cas, en extension et en compréhension, d'un jugement de cohérence.

b) Quantité. — 1° Au point de vue de l'exten-sion, « les ruminants sont des mammifères » signifie (dans les limites de la classe) : les ruminants sont une partie des mammifères ou les ruminants sont moins nombreux que les mammifères, ce qui peut être mis sous la forme d'une inégalité : ruminants < que mam-mifères. 2° Au point de vue de la compréhen-sion, « les ruminants sont des mammifères » signifie : les glandes mammaires sont une partie des caractères des ruminants ou (dans

les limites de l'ordre) les caractères des ruminants sont plus nombreux que les caractères des mammifères, ce qui peut être mis
également sous la forme d'une inégalité :
ruminants > que mammifères. Mais si au lieu
de prendre mammifère dans toute son extension et ruminant dans toute sa compréhension, nous les prenons dans l'extension et la
compréhension qu'ils ont dans la proposition ; c'est-à-dire si nous réduisons d'une part
l'extension de mammifère à celle de ruminant
(ce qu'on fait dans la logique classique si
l'on se place au point de vue de l'extension) ;
d'autre part la compréhension de ruminant à
la compréhension de mammifère (ce qu'on
pourrait faire en se plaçant au point de vue
de la compréhension), « les ruminants sont des
mammifères » signifie en extension : les ruminants sont *quelques mammifères*, et en compréhension : les glandes mammaires sont *quelques caractères des ruminants*, ce qui revient
à : les ruminants sont les ruminants ou ruminants = ruminants A = A ; ou bien : les glandes

mammaires sont les glandes mammaires ou mammifère = mammifère B = B ; ce qui constitue une véritable tautologie. Pratiquement cela n'a aucun inconvénient mais théoriquement, considérer les jugements qui nous occupent comme des jugements d'égalité est illogique, il faut pour être logique les considérer comme des jugements d'inégalité.

Kant et après lui la plupart des logiciens divisent les jugements en jugements analytiques et en jugements synthétiques, distinction absolument fausse. Selon nous, tous les jugements sont analytiques. « La circonférence a tous ses rayons égaux, est un jugement analytique, dit P. F Thomas, parce que cette propriété d'avoir tous ses rayons égaux est impliquée dans la notion même de *la circonférence*. Au contraire ce jugement : cette circonférence a 5 centimètres de diamètre est un jugement synthétique, parce que dans l'idée de *la circonférence* n'est nullement incluse celle d'un diamètre de longueur déterminée. » Non, en effet, mais elle est incluse dans l'idée de *cette circonférence*.

Il nous paraît tout à fait impropre d'appeler *universelle*, cette proposition : « ce bœuf est gras », je suppose, sous prétexte que le sujet est pris dans toute son extension, laquelle est ici 1 : où même cette autre : « les ruminants sont des mammifères », parce que ruminants est pris aussi dans toute son extension, laquelle est ici plus grande que 1 mais non pour cela universelle (voir le sens que nous donnons à universel dans le chapitre précédent). Aussi adopterons-nous la phraséologie de Hamilton, et, comme lui, nous appellerons *totales* les propositions appelées communément universelles et *partielles* les propositions appelées couramment particulières; cette phraséologie est d'une propriété irréprochable puisque dans les propositions *totales*, le sujet est pris dans *toute* son extension et que, dans les propositions *partielles*, le sujet est pris dans une *partie* de son extension. Nous aurons donc, toujours d'après Hamilton qui

considère l'extension et du sujet et du prédicat : 1° des toto-totales, 2° des toto-partielles,
3° des partio-partielles, 4° des partio-totales.

II

Toutes les définitions sont des toto-totales
affirmatives et toutes les toto-totales affirmatives sont des définitions. Prenons en effet
cette proposition : « Tous les hommes sont
responsables », qu'on peut considérer comme
vraie en faisant abstraction des fous. Si nous
la regardons comme une toto-partielle, elle
signifie : tous les hommes sont quelques responsables, et c'est dans ce sens qu'on la prend
communément puisqu'on admet qu'il peut y
avoir dans l'univers, sur Mars par exemple, des
êtres inférieurs ou supérieurs à l'homme qui,
comme l'homme, soient responsables. C'est
alors la simple énonciation d'un jugement.
Si, au contraire, nous la regardons comme
une toto-totale, elle signifie : tous les hommes
sont tous les responsables, ce qui implique

qu'il n'y a que les hommes qui soient responsables. Mais alors ce *caractère* d'être responsables *caractérise* spécifiquement les hommes
et la toto-totale est une définition, conver-
tible comme toute toto-totale et toute définition en : tous les êtres responsables sont tous
les hommes. Goblot, dans son *vocabulaire
philosophique*, déjà cité, ouvrage très savant
et très précis d'ailleurs, prétend que les définitions des géomètres sont des définitions de
mot et les définitions des dictionnaires des
définitions de chose. Disons tout d'abord,
avant d'entrer plus avant dans le sujet, que
cette distinction est tout à fait arbitraire.

Les géomètres, conformément à l'usage
appellent triangle tout polygone de trois
côtés : définition de mot, selon Goblot, à
cause de ce : « les géomètres appellent... »
Mais on pourrait en dire, autant des définitions des dictionnaires :

Les lexicographes, conformément à l'usage,
appellent mouton tout ruminant à cornes
creuses enroulées en hélice. Définition de mot,

pourra-t-on dire aussi à cause de ce « les lexicographes appellent... »

D'après Goblot, il suffirait de changer la forme, pour changer la définition de mot en définition de chose : La figure que les géomètres appellent triangle est tout polygone de trois côtés ; ce n'est que sous cette forme que les définitions des géomètres sont des définitions de chose. L'animal que les lexicographes appellent mouton est tout ruminant à cornes creuses enroulées en hélice. Alors ce n'est aussi que sous cette forme que les définitions des lexicographes sont des définitions de chose. Les unes et les autres sont alors définitions de mot ou définition de chose, selon la forme qu'on leur donne. Or nous affirmons et nous allons le démontrer, que le fait de changer la forme ne saurait changer une définition de chose en définition de mot ou une définition de mot en une définition de chose, ce qui seul concerne le fond du débat.

Quand je dis : j'appelle triangle tout poly-

gone... etc., ou j'appelle mouton tout ruminant... etc., je n'entends pas définir le mot
triangle ou le mot mouton, mais la figure ou
l'animal ainsi appelé, en faisant précéder la
définition de la chose du sens que j'attribue
au mot triangle ou au mot mouton. C'est
comme si je disais : le mot triangle désigne
cette figure que *je définis*, c'est-à-dire conçois comme étant tout polygone de trois côtés,
ou bien le mot mouton *désigne* cet animal
que je *définis*, c'est-à-dire conçois comme
étant tout ruminant à cornes creuses enroulées en hélice.

En réalité, si nous prenons à la lettre sans
tenir compte de *l'intention évidente de définir une chose* et non un mot, la première des
propositions précédentes, mise sous une
forme plus explicite : « Le mot triangle est
le signe verbal phonétique ou graphique de la
figure triangle laquelle est tout polygone de
trois côtés », nous verrons immédiatement que
la prétendue définition de mot est à la fois
une définition de mot et une définition de

chose, une double définition qui dédoublée deviendra :

1° Le mot triangle est le signe verbal auditif ou visuel de l'idée de triangle (définition du mot).

2° L'idée de triangle est tout polygone de trois côtés (définition de la chose).

Mais, encore une fois, en définissant le triangle, les géomètres n'entendent pas définir le mot mais la chose, la figure telle qu'ils la conçoivent dans leur esprit, quel que soit le mot qui la désigne, triangle ou trigone, dreieck ou tréugolnik, baralipton ou taratata.

CHAPITRE VI

LE RAISONNEMENT
DÉDUCTION ET INDUCTION

I

Tout syllogisme, conformément à ce que nous avons montré à propos du jugement, peut se mettre sous la forme d'une suite d'inégalités ou d'égalités, selon que l'on prend les termes dans toute leur extension ou toute leur compréhension, ou qu'on les prend dans l'extension exacte qu'ils ont dans la majeure, la mineure et la conclusion.

Soit le syllogisme : Les ruminants sont des mammifères ; or les bœufs sont des ruminants ; donc les bœufs sont des mammifères.

a) Au point de vue de l'extension des termes pris en eux-mêmes, ruminant a moins d'extension que mammifère et bœuf moins d'extension que ruminant. On peut donc écrire :

Le cercle des ruminants est compris dans le cercle des mammifères ou ruminant < que mammifère ; le cercle des bœufs est contenu dans le cercle des ruminants ou bœuf < que ruminant ; donc le cercle des bœufs est contenu dans le cercle des mammifères ou bœuf < que mammifère ; en langage ordinaire : les bœufs font partie des mammifères ou sont des mammifères.

Mais si l'on tient compte de l'extension de mammifères dans la majeure et de ruminants dans la mineure, en d'autres termes, si l'on réduit l'extension de mammifères à l'extension de ruminants et l'extension de ruminants à l'extension de bœufs, on pourra écrire, en se servant de la très heureuse formule de Carbonel :

$$\text{Ruminants} = \text{mammifères } e^2 = \frac{e^3}{e}.$$

$$\text{Bœufs} = \text{ruminants } e^1 = \frac{e^2}{e}.$$

$$\text{Bœufs} = \text{mammifères } e^1 = \frac{e^2}{e}.$$

e désignant l'extension et les exposants étant la quantification relative de cette extension.

b) Au point de vue de la compréhension des termes pris en eux-mêmes, ruminant a plus de compréhension que mammifère ; bœuf a plus de compréhension que ruminant. On peut donc écrire :

Le cercle des caractères des ruminants comprend le cercle des caractères des mammifères, ou ruminants > que mammifères ; le cercle des bœufs comprend le cercle des caractères des ruminants, ou bœufs > que ruminants, donc le cercle des caractères des bœufs comprend le cercle des caractères des mammifères; en langage ordinaire, les caractères des mammifères font partie des caractères des bœufs ou les bœufs ont des glandes mammaires, c'est-à-dire (en compréhension) sont des mammifères.

Mais si l'on prend les termes dans leur compréhension exacte dans la majeure et dans la mineure ou si l'on réduit la compréhension de ruminants à celle de mammifères, et celle de bœufs à celle de ruminants, on pourra écrire, en se servant de la même formule de Carbonel :

$$\text{Ruminant} = \text{mammifère}\ \frac{c^2}{c} = c^1.$$

$$\text{Bœuf} = \text{ruminant}\ \ \frac{c^3}{c} = c^2.$$

$$\text{Bœuf} = \text{mammifère}\ \frac{c^3}{c^2} = c^1.$$

c désignant la compréhension et les exposants la quantification relative de cette compréhension.

Certains philosophes, entre autres Stuart Mill, ont regardé le syllogisme comme *absolument* tautologique, il ne l'est, comme nous allons le montrer, que *relativement*.

Soit toujours le même syllogisme :

4

Tous les ruminants sont des mammifères ;

Or le bœuf est un ruminant ;

Donc le bœuf est un mammifère.

Deux cas peuvent se présenter :

a) La majeure est l'expression d'un fait constaté par l'observation.

1. Pour le zoologiste qui a observé tous les ruminants dans la nature ou dans les livres et qui connaît par conséquent toute l'extension de cet ordre, la majeure se ramène évidemment à cette proposition : Tous les ruminants, c'est-à-dire le mouton, l'antilope, le chameau... le bœuf sont des mammifères et alors il est évident que la mineure et la conclusion ne font que répéter ce qui est énoncé dans la majeure, de sorte que le syllogisme est bien *pour lui* tautologique, puisqu'il revient à :

Les ruminants : le mouton, l'antilope, le chameau... le *bœuf* sont des mammifères;

Or le *bœuf* est un ruminant;

Donc le *bœuf* est un mammifère.

2. Ce même zoologiste a bien observé tous

les ruminants, connaît toute l'extension de l'ordre, mais ayant une connaissance imparfaite de la langue, il ignore que le mot bœuf désigne *un des ruminants qu'il a observés* ; on le lui apprend et alors il conclut que l'animal dont on lui parle est un mammifère ou mieux que le mot bœuf désigne un mammifère. Ce n'est qu'une conclusion portant sur des mots, mais toute verbale qu'elle est, elle n'a rien de tautologique, car le syllogisme revient à :

Tous les ruminants sont des mammifères;

Or le mot bœuf désigne un ruminant (il l'ignorait);

Donc le mot bœuf désigne un mammifère (la mineure le lui fait comprendre).

3. Sur la foi des zoologistes, Pierre admet pleinement que tous les ruminants sont des mammifères, mais il ne connaît pas toute l'extension des ruminants. Or, à la vue d'un bœuf qu'il voit pour la première fois, il constate que cet animal a tous les caractères des ruminants qu'il connaît, entre autres celui de

ruminer ; il conclut par l'intermédiaire de son observation qui lui tient lieu de mineure, que le bœuf est un mammifère. Sa conclusion est réelle et non verbale mais elle n'a rien non plus de tautologique.

Tous les ruminants sont des mammifères (ce qu'il admet sur la foi des savants et sans connaître toute l'extension de l'ordre).

Or, le bœuf est un ruminant (son observation le lui apprend).

Donc le bœuf est un mammifère.

4) Pierre, comme le zoologiste de tout à l'heure ignore que le mot bœuf désigne un des ruminants impliqué dans la majeure, bien qu'il connaisse l'animal bœuf ; on le lui apprend, il conclut que le mot bœuf désigne un mammifère ; nous rentrons dans le 2ᵉ cas : conclusion verbale, mais non tautologique.

b) La majeure est l'expression d'une induction. Les zoologistes n'ont pu, je suppose, observer qu'une partie des ruminants existants, mais en ayant observé un certain nombre, ils infèrent que tous les ruminants

(les ruminants non observés, comme les ruminants observés, sont des mammifères).

Or, un de ces zoologistes, en présence d'un
de ces ruminants qu'il n'a jamais vus, constate qu'il a tous les caractères de ceux qu'il
a vus, il conclut donc d'après l'induction de
la majeure que c'est un mammifère. Or, dans
ce cas non plus, le syllogisme n'est pas tautologique et il ne peut l'être pour personne :

Tous les ruminants que je n'ai pas observés sont (induction) des mammifères.

Or le bœuf que j'observe actuellement est
un de ces ruminants que je n'ai pas observés.

Donc le bœuf est un mammifère.

En résumé, le syllogisme tautologique et
inutile pour les savants qui connaissent l'histoire naturelle et ont une connaissance appro-
fondie de la langue, n'est ni tautologique ni
inutile pour les autres ; il est, au contraire,
très utile, parce que ayant observé ou ayant
appris que le bœuf a les caractères des ruminants ou désigne un animal qui a ces ca-

4.

ractères, cela me dispense de constater ou
d'apprendre que le bœuf a tous les caractères
des mammifères.

On a voulu ramener le syllogisme des logiciens à ce qu'on a appelé le syllogisme des
mathématiciens : cela est juste, ainsi que
nous l'avons vu précédemment, quant à la
forme, mais faux quant au fond.

Mis sous forme d'une série d'inégalités :

Syllogisme des logiciens.		Syllogisme des mathématiciens.
Ruminants	$<$ mammifères	$A < B$
Bœufs	$<$ ruminants	$C < A$
Bœufs	$<$ mammifères	$C < B$

Mis sous forme d'une série d'égalités :

Syllogisme des logiciens.		Syllogisme des mathématiciens.
Ruminants	$=$ mammifères	$A = B$
Bœufs	$=$ ruminants	$C = A$
Bœufs	$=$ mammifères	$C = B$

1° Dans le syllogisme des logiciens, la mineure n'a pas d'autre rôle que d'expliquer

l'extension du petit terme de la majeure (ruminants) qui étant plus grande que 1, peut
être ignorée de quelqu'un; dans le syllogisme
des mathématiciens, au contraire, la mineure
n'a pas pour rôle d'expliquer l'extension du
petit terme de la majeure A, puisque cette
extension étant égale à 1 ne peut être ignorée de personne ; elle établit une vérité qui
n'est pas renfermée *implicitement* dans la
majeure.

2° Dans le syllogisme des logiciens, pour
qui connaît l'extension du petit terme de la
majeure (ruminants), la mineure est *inutile*
puisqu'elle n'a d'autre rôle que de faire connaître cette extension. Dans le syllogisme des
mathématiciens, au contraire, j'ai beau connaître l'extension de A (que je né puis igno-
rer), la mineure m'est *indispensable* pour
conclure que C = B.

Cette identification, toute fausse qu'elle est,
a pourtant son utilité. C'est ainsi qu'elle fait
très bien ressortir que de deux particulières
affirmatives (ou négatives) on ne peut rien

conclure. Mis sous forme d'inégalités : ce bœuf est un mammifère, ce cheval est un mammifère, reviennent à : bœuf < mammifère ; cheval < mammifère ou A < C ; B < C ; pas de conclusion possible. Mis sous forme d'égalités : ce bœuf est un mammifère ; ce cheval est un mammifère reviennent à : bœuf = bœuf, cheval = cheval, ainsi que nous l'avons vu dans le chapitre précédent ; il n'y a donc pas non plus de conclusion possible.

II

L'induction est un des problèmes les plus difficiles et les plus controversés de la logique.

Le fond du débat porte principalement sur la question suivante : L'induction est-elle à priori ou à posteriori ? On ne peut la résoudre que si l'on établit une distinction préalable, sans laquelle le débat risquerait de s'éterniser entre les philosophes. Il convient de distinguer deux sortes d'induction : *a*) l'induction *improprement* dite, spontanée, instinctive ou fondée sur l'instinct, commune à l'homme et aux animaux; *b*) l'induction *proprement* dite, systématique, rationnelle ou fondée sur la raison, propre à l'homme. Or, il y a bien une induction à priori et c'est la première; il y a bien aussi une induction à posteriori et c'est la seconde.

L'arrangement des livres d'une bibliothèque suivant un classement méthodique quelconque a évidemment un but : faciliter les recherches des lecteurs. Or, il y a aussi de l'ordre dans le monde *pour que* les hommes puissent *s'y reconnaître*. Si l'ordre n'avait pas de but, de fin, on ne voit pas pourquoi le monde serait plutôt ordonné que désordonné, harmonieux que chaotique. Or, la généralité, la permanence, l'universalité ont aussi leur finalité, leur téléologie, à savoir : rendre possible *la prévision* sans laquelle les êtres, hommes ou animaux, ne pourraient pourvoir efficacement à leur conservation. 1º Aussi y a-t-il en eux une prédisposition et une propension innées à croire d'instinct au général, au permanent et à l'universel, prédisposition et propension indispensables à la prévision. S'ils attendaient que leur croyance fût établie sur des bases rationnelles ils s'exposeraient, pendant ce temps, à de graves dangers. Si pour croire que le feu le brûlera partout et toujours, et par conséquent pour l'éviter, l'homme avait besoin de raisonner, son *imprévoyance* provisoire risquerait fort de lui coûter la vie. 2º D'autre part cette croyance aveugle, nécessaire et suffisante dans la généralité des cas, est dans les cas particuliers sujette à l'erreur et susceptible de causer à l'homme des mécomptes non moins graves ; quoiqu'en général les choses agréables au goût soient utiles comme aliments à la conservation de l'individu, comme les choses désagréables au goût sont nuisibles comme poisons, si l'homme se fiait absolument à cette généralisation, à laquelle il croit d'instinct, il risquerait assez fréquemment de s'empoisonner au lieu de s'alimenter. De là la nécessité que la raison intervienne pour venir, dans les cas particuliers, éclairer l'instinct.

a) Or, en quoi la première induction, l'induction spontanée, est-elle purement instinctive ?

1º En ce qu'elle est *à priori*, n'a pas pour base la constatation des *faits antérieurs ;*

2º En ce qu'elle est *définitive*, faite sans réserve, ne tient aucun compte des *faits postérieurs*, qui pourraient l'infirmer.

b) En quoi la deuxième induction, l'induction systématique, est-elle vraiment rationnelle ?

1º En ce qu'elle est *à posteriori*, a pour base l'expérience des *faits antérieurs ;*

2º En ce qu'elle est *provisoire*, faite sous bénéfice d'inventaire, sous réserve, tient compte des *faits postérieurs* qui pourraient l'infirmer.

1º Elle a pour base les faits antérieurs observés. L'homme en effet croit, dans un cas donné, d'abord à *la possibilité* du général ou de l'universel parce qu'il a, à côté du spécial ou du particulier, dans d'autres cas antérieurs, constaté du général ou de l'universel ; ensuite à *la probabilité*, parce qu'il a dans ces cas antérieurs, constaté que le général ou l'universel est plus fréquent que le spécial ou le particulier.

2° Elle tient compte des faits postérieurs parce que l'homme sait que, tant que la généralité ne sera pas établie sur un principe nécessaire, mathématique, elle ne pourra être considérée comme certaine. Seule la réductibilité du fait ou de la relation constatée à un axiome ou à un théorème ou à un principe mathématique lui-même réductible au principe d'identité, c'est-à-dire à l'évidence intuitive, comme nous le verrons plus loin, peut nous donner cette certitude que dix, cent, mille constatations expérimentales ne peuvent établir, car la mille-unième peut l'infirmer. Donnons un exemple frappant : soit la relation connue $e = \dfrac{gt^2}{2}$, constatée en plusieurs lieux, plusieurs fois sur plusieurs corps ; tant qu'elle n'aura pas pour moi l'évidence mathématique de cette autre : $V = \frac{4}{3} \pi R^3$ qui donne le volume de la sphère, je ne pourrai tenir sa généralité pour certaine, mais si elle a cette évidence mathématique (et elle l'a, comme nous l'allons voir) je ne pourrai plus douter de sa généralité. En effet, l'espace parcouru e n'est que la somme des termes d'une progression arithmétique dont la raison est l'accélération g ; le premier terme, l'espace parcouru dans la première seconde ; le nombre des termes le temps t de la chute.

$$S = an + \frac{n\,(n-1)r}{2}\,; \quad e = \frac{g\,t^2}{2}\,;$$

$$S = 4{,}9 \times 5 + \frac{5\,(5-1)9{,}8}{2} = 122{,}5\,;\; e = \frac{9{,}8 \times 5^2}{2} = 122{,}5,$$

comme on peut facilement s'en rendre compte en effectuant les calculs.

Certains philosophes ont considéré l'induction (l'induction rationnelle bien entendu) comme ayant pour fondement le principe d'identité et ils l'ont ramené à la déduction.

Si, disent-ils, en voyant ici et maintenant cet aimant attirer ce fer, je crois que tous les aimants partout et toujours attireront tous les fers, c'est parce que j'admets que partout et toujours tous les aimants et tous les fers sont identiques. C'est bien là en effet le principe d'identité et l'induction peut alors se mettre sous la forme de la déduction :

Cet aimant attire ce fer. Or, tous les aimants et tous les fers sont identiques à cet aimant et à ce fer, donc, tous les aimants attirent tous les fers.

Très bien, mais admettre que tous les aimants et tous les fers sont identiques, c'est faire une induction, si probable soit-elle, et l'on tourne dans un cercle vicieux.

On s'est demandé s'il y avait des inductions mathématiques. Examinons un peu cette question. Nous verrons plus loin que les concepts mathématiques ne sont pas des genres, mais

des individualités, des concepts individuels :
il n'y a pas plusieurs cercles, plusieurs ellipses, mais un cercle unique, une ellipse
unique, c'est-à-dire une conception unique du
cercle, une conception unique de l'ellipse.
Ayant démontré une seule fois sur un seul
cercle que sa surface a pour mesure le carré
du rayon multiplié par le nombre constant π,
rapport de la circonférence au diamètre,
cette formule est applicable à tous les cercles imaginables de diverses grandeurs, non
en vertu d'une *induction*, mais simplement
parce que tous ces cercles imaginables de
diverses grandeurs sont le même cercle ou
la même conception du cercle. Au contraire,
les ruminants, les solipèdes étant des genres
(genres élevés appelés ordres en zoologie), il
ne me suffit pas d'en observer quelques-uns
pour admettre que tous les autres non encore
observés, je suppose, ont les mêmes caractères génériques : je ne puis le faire qu'en vertu
d'une induction que l'observation ultérieure
confirmera ou infirmera.

Il n'y a donc pas d'induction mathématique. Mais il peut néanmoins y avoir, quoique
très rarement, des inductions *en mathématiques*, ce qui n'est pas la même chose, car
dans ce cas, on use, exceptionnellement,
d'un procédé qui non seulement n'est pas
mathématique, mais est absolument tout
l'opposé de la méthode mathématique. Les
mathématiciens ayant remarqué (observation
et expérience en mathématiques) qu'en ajoutant successivement aux carrés à partir de 1,
les nombres impairs consécutifs : 3, 5, 7, 9,
11, etc., de façon à avoir : $1 + 3$; $4 + 5$;
$9 + 7$; $16 + 9$, etc., on obtient toujours des
carrés parfaits, à savoir, ici : 4, 9, 16, 25, etc.
ils ont tout de suite inféré que cette relation
devait être générale, s'appliquer à la série
indéfinie des nombres, la *possibilité* que cela
fût se changeant de plus en plus en *probabilité*, au fur et à mesure que leur observation
s'étendait à plus de nombres ; mais si appro-
chée qu'elle en soit, cette induction ne peut
atteindre la certitude, comme toute induction

d'ailleurs; aussi un mathématicien ne saurait-il s'en contenter; tant que cette loi n'est pas ramenée au principe d'identité, fondement des mathématiques, elle n'a *rien de mathématique*, quoiqu'étant l'expression d'un fait observé sur des quantités numériques. Cette réduction est-elle possible? Oui, évidemment; nous ignorons si les mathématiciens l'ont effectuée, ou par quelle méthode; voici en tout cas la démonstration, peut-être inédite, que nous en donnons. La série des nombres impairs consécutifs 1, 3, 5, 7, 9, 11; etc., forme une progression arithmétique croissante dont la raison est 2.

$$1° \; 1 + 3 = 2 + 2 = 2^2 = 4;$$
$$2° \; 1 + 3 + 5 = 3 + 3 + 3 = 3^2 = 9;$$
$$3° \; 1 + 3 + 5 + 7 = 4 + 4 + 4 + 4 = 4^2 = 16;$$
$$4° \; 1 + 3 + 5 + 7 + 9 = 5 + 5 + 5 + 5 + 5$$
$$= 5^2 = 25.$$

Or, prenons de nouveau la formule qui donne la somme des termes d'une progression arithmétique :

$$S = an + \frac{n(n-1)r}{2}.$$

La raison étant 2, le dénominateur dispa-
raît et il reste :

$$S = an + n(n-1).$$

Enfin A, le premier terme, étant l'unité, il
vient :

$$S = n + n(n-1).$$

Ou, en remplaçant les lettres par leur
valeur :

$$S = 5 + 5(5-1).$$

Ou :

$$S = 5 + (5 \times 4).$$

Et enfin :

$$S = 5 + 5 + 5 + 5 + 5 = 5^2 = 25.$$

Nous terminerons ce chapitre sur les raisonnements déductif et inductif par la remarque suivante, qui fera bien ressortir le
caractère essentiel de la déduction et de l'induction logiques. L'une conclut du général
au particulier ; sa conclusion est plutôt une

inclusion qu'une conclusion, puisqu'elle est comprise *implicitement* dans la majeure. L'autre conclut du particulier au général ; sa conclusion est plutôt une *exclusion* qu'une conclusion, puisqu'elle élimine *provisoire- ment* les faits non encore observés.

CHAPITRE VII

CLASSIFICATION DES SCIENCES

Laissant pour le moment de côté les sciences noologiques d'Ampère, pour ne considérer que les sciences cosmologiques, nous diviserons les sciences en deux grandes classes :

A) Sciences mathématiques portant sur des concepts.

B) Sciences physiques portant sur des percepts.

Les premières, à leur tour, peuvent être subdivisées en deux sous-groupes, suivant leur degré d'abstraction.

a) Sciences numératives, dans lesquelles la

quantité est considérée abstraction faite de l'étendue :

Arithmétique, au sens le plus général du mot, ou science des nombres.

b) *Sciences mensuratives*, dans lesquelles la quantité est considérée en fonction de l'étendue :

Géométrie, au sens le plus général du mot, ou science des figures.

Les secondes, de même, peuvent être subdivisées en deux sous-groupes, aussi suivant leur degré d'abstraction.

a) *Sciences physiques générales*, faisant abstraction de la forme spéciale des corps :

Sciences physiques, au sens restreint et usuel du mot.

b) *Sciences physiques spéciales*, tenant compte de la forme spéciale des corps.

Sciences naturelles, au sens restreint et usuel du mot.

Ayant ainsi tracé les grandes lignes de notre classification, il ne nous restera plus qu'à la compléter par quelques notes expli-

catives et à examiner chaque sous-groupe en
détail.

A) Sciences mathématiques.

a) Sciences numératives. Ces sciences considèrent la quantité en elle-même. Si les
nombres représentent tels ou tels objets
déterminés, une pierre, deux pierres, dix
pierres, etc., ce sont des nombres *concrets* et
l'arithmétique peut alors être dite, en ce sens
tout à fait étroit, *arithmétique concrète*,
arithmétique primitive telle que durent la
concevoir les premiers hommes, ainsi que
l'indique le mot *calculer*, compter des cail-
loux (*calculus*, caillou, calcul, sens qu'il a
encore en médecine). Si les nombres ne représentent aucun objet particulier, mais
simplement des unités abstraites : une unité,
deux unités, dix unités, etc., ou 1, 2, 10, etc.
ce sont des nombres *abstraits* et l'arithmétique peut elle-même être dite, en ce sens
seulement, *arithmétique abstraite ;* c'est
l'arithmétique proprement dite, l'arithmétique

élémentaire classique. 3) Si au lieu de nombres, nous employons des lettres, ce qu'on
fait aujourd'hui dans la plupart des traités
d'arithmétique supérieure, nous avons alors
une sorte d'arithmétique algébrique qui forme
la transition à l'algèbre proprement dite.
Cette substitution de lettres aux nombres est
en somme très logique, car les nombres n'ont,
considérés isolément, aucune propriété,
l'arithmétique n'est en réalité que la considération des rapports entre les nombres :
rapports d'égalité ou d'inégalité de propor-
tion par différence ou par quotient, etc., etc...
4) Un pas de plus et nous arrivons, par cette
abstraction et cette généralisation croissante,
à l'algèbre qui n'est que l'arithmétique généralisée précédente, généralisée encore davantage par ce fait que les signes littéraux
représentent cette fois indifféremment des
quantités positives ou des quantités négatives. Soit, par exemple, la formule générale
de l'équation du 2e degré :

$$ax^2 + bx + c = 0$$

A. — SCIENCES MATHÉMATIQUES
OU DES CONCEPTS
a) *Numératives.*
(Quantité, abstraction faite de l'étendue).

Point de vue statique. (Application à la géométrie.)					Point de vue dynamique. (Application à la mécanique.)
	α) Arithmétique . . . . Arithmétique α)				
	β) Arithmétique généralisée ou algèbre. . . . . Arithmétique généralisée ou algèbre β)				

b) *Mensuratives.*
(Quantité en fonction de l'étendue.)

Point de vue statique ou géométrique.					Point de vue dynamique ou mécanique.
	α) Géométrie . . . . Mécanique α)				
	β) Géométrie généralisée ou analytique. . . . . . . Mécanique généralisée ou analytique β)				

B. — SCIENCES PHYSIQUES
OU DES PERCEPTS
a) *Générales.*
Sciences physiques (abstraction faite de la forme).

Point de vue statique général.							Point de vue dynamique général.
	α) Constitution physique . .	Corps pondérables. . . .	Solides . . . Liquides . . . Gaz. . . .	Pesanteur . . Hydrostatique. Aérostatique .	Corps pondérables. . . .	Phénomènes physiques .	
		Corps impondérables. . . .	Ether électrique Ether calorique Ether lumineux	Electricité . . Chaleur . . . Lumière . . .	Corps impondérables. . . .		
	β) Constitution chimique . .	Corps simples .	Métalloïdes . Métaux . . .	Métalloïdes. . Métaux . . .	Corps simples .	Phénomènes chimiques .	
		Corps composés.	Acides . . . Sels . . .	Acides. . . . Sels. . . .	Corps composés .		

b) *Spéciales.*
Sciences naturelles (en fonction de la forme).

Point de vue statique spécial.					Point de vue dynamique spécial.
	α) Monde inorganique.	Cosmographie . . . . Géologie, minéralogie.	Mécanique céleste . . Physique terrestre . .	Monde inorganique. . . . α)	
	β) Monde organique.	Organologie végétale . Organologie animale .	Physiologie végétale . Physiologie animale .	Monde organique . . . . β)	

Il est fait ici abstraction du caractère positif ou négatif des quantités représentées par des lettres, car les signes $+$ et les signes $-$ employés en algèbre ne font (qu'on y prenne bien garde) qu'indiquer une opération, addition ou soustraction, comme les signes $\times$ ou $\div$ ou $\sqrt{\ }$ une multiplication, une division ou une extraction de racine. Rigoureusement l'équation précédente devrait être mise sous cette forme pour bien marquer que les quantités connues et la quantité inconnue sont considérées, abstraction faite de leur caractère positif ou négatif, et que les signes $+$ et $-$ ne sont que des signes d'opérations comme $\times$.

$$(a) \times (x^2) + (b) \times (x) + (c) = 0.$$

Les unes ou les autres des quantités entre parenthèses sont nécessairement négatives pour que cette somme puisse être égale à o : par exemple c, et dans ce cas, il est égal en valeur absolue à $ax^2 + bx$ ou bien b et dans ce cas, il est égal à $\dfrac{ax^2 + c}{x}$, etc. ; mais il en est fait abstraction dans la formule générale. Les discussions relatives aux équations du 1ᵉʳ et du 2º degré portent toujours sur les considérations établissant qu'un coefficient est nul, plus grand ou plus petit que 0 ; Ex : $b \gtrless$ ou $== 0$.

b) *Sciences mensuratives.* Elles considèrent à la fois la quantité et la qualité, la grandeur et la forme : même évolution que précédemment dans le sens de l'abstraction et de la généralisation.

Géométrie
$$\begin{cases} \text{concrète, géométrie proprement dite.} \\ \text{abstraite, géométrie analytique.} \end{cases}$$

B. Sciences physiques

a) *Sciences physiques générales ou sciences physiques proprement dites.* On fait ici abstraction de la forme particulière des corps, pour ne considérer au point de vue statique, qui joue d'ailleurs dans ces sciences un rôle secondaire, que leur constitution physique (solides, liquides, gaz, éther hypothétique

des physiciens) ou chimique (métalloïdes,
métaux, hydracides, oxacides, sels, etc.). Le
point de vue dynamique, ainsi que nous le
verrons plus loin, joue dans ces sciences le
rôle principal, et la forme qu'affectent les
corps est en général laissée de côté.

*b) Sciences physiques spéciales ou sciences
naturelles proprement dites.* On considère ici
à la fois la forme et la quantité, mais avec
prééminence de la forme sur la quantité, comme
précédemment avec prééminence de la quantité sur la forme. Sauf en cosmographie, que
nous rangeons parmi les sciences naturelles
et qui forme d'ailleurs la transition entre
les sciences mathématiques et les sciences
physiques, la forme joue le rôle principal en
géologie, en minéralogie et surtout en phyto-
logie et en zoologie, très justement dénom-
mées sciences morphologiques. Dans ces
sciences, on applique à chaque instant la loi
de continuité pour démontrer l'identité de
deux formes extrêmes. Cette loi n'est pourtant pas applicable seulement aux sciences

morphologiques : c'est ainsi que la circonférence est par le même procédé, identifiée au
polygone régulier, en la considérant comme
la limite vers laquelle tend un tel polygone
régulier dont le nombre des côtés croît indé-
finiment : le calcul infinitésimal surtout appli-
qué à la géométrie a souvent aussi pour
objet de semblables considérations. Mais
c'est surtout dans les sciences naturelles qu'il
est fait application de la loi de continuité.
On passe, en effet, graduellement d'une forme
à une autre par des transitions insensibles et
l'on peut dire que l'anatomie comparée, au
sens élevé du mot, animale ou végétale, est
l'étude des homologies existant : 1° entre les
êtres de la série animale ou végétale; 2° entre
les organes d'un animal ou d'un végétal déter-
miné. C'est ainsi que dans la série animale
l'identité morphologique du tapir et du cheval
est démontrée par les formes intermédiaires :
lophiodon (fossile); palæothérium (fossile);
anchithérium (fossile); hipparion (fossile).
C'est le plus magnifique exemple qu'on puisse

donner de la loi de continuité. Les quatre doigts du tapir sont réduits à trois à peu près égaux chez le palæothérium; à trois, dont les deux latéraux, déjà bien diminués chez l'anchithérium, le sont davantage encore chez l'hipparion, ce qui nous mène aux deux doigts latéraux avortés qui ne sont plus que des languettes osseuses n'ayant plus aucun rôle dans la marche chez le cheval. Dans le règne végétal nous citerons les Mimosées et les Amygdalées qui font la transition entre les Légumineuses et les Rosacées. En effet, d'une part, les Mimosées qui sont des Légumineuses, au lieu d'avoir comme celles-ci des étamines en nombre défini, ont comme les Rosacées, des étamines en nombre indéfini (ex : acacia); d'autre part les Amygdalées, qui sont des Rosacées, au lieu d'avoir comme celles-ci plusieurs ovaires, n'en ont qu'un seul (ex. : amandier). Les Berbéridées ont bien, comme les Papavéracées, 2 sépales et 4 pétales, alors que les Crucifères ont 4 sépales et 4 pétales, mais elles ont comme ces dernières 6 étamines, tandis que les Papavéracées en ont un nombre indéfini.

Dans un même animal, l'identité des mandibules et des membres ambulatoires chez les crustacés est montrée par les pattes mâchoires, et dans un même végétal, celle des carpelles et des feuilles par la transition insensible des unes aux autres. C'est ainsi que le nénuphar nous montre de façon saisissante le passage du pétale à l'étamine, et que l'ellébore nous montre pareillement le passage de l'étamine au carpelle. Dans l'ordre artificiel il est intéressant de remarquer que la même loi se manifeste. L'esprit humain suit le même procédé que la nature, comme elle, il ne fait pas de bonds. *a*) Il y a d'abord la télégraphie avec fil d'aller et fil de retour, puis seulement avec fil d'aller par la suppression du fil de retour, et enfin la télégraphie sans fil par la suppression du fil d'aller et du fil de retour ; *b*) Plan incliné de Galilée : vitesse et direction de chute modifiées ; machine d'Atwood : vitesse modifiée, direction conser-

vée; appareil Morin : vitesse et direction con-
servées; *c*) Ballons non dirigeables; ballons
dirigeables plus légers que l'air ; aéroplanes
dirigeables plus lourds que l'air, etc.

Il nous faut maintenant envisager la classification que nous venons de donner, sous
un autre rapport. D'une façon générale, dans
l'étude des concepts (sciences mathématiques)
et des percepts (sciences physiques), le savant considère soit le point de vue statique,
soit le point de vue dynamique, selon que les
corps conçus ou perçus sont à l'état de repos
ou à l'état de mouvement.

A) Sciences mathématiques.

Si nous considérons par la pensée, en
vertu d'une pure abstraction (car les points
n'ont en eux-mêmes aucune réalité perceptuelle ou conceptuelle) plusieurs points contigus, nous aurons une ligne géométrique,
droite ou courbe, ouverte ou fermée (ex :
polygone, cercle, ellipse; etc.). Si au contraire

au lieu de considérer plusieurs points immobiles, nous considérons un seul point mobile, se mouvant en ligne droite ou en ligne courbe, si la courbe est ouverte, nous aurons un mouvement parabolique simple, ou hyperbolique double, si elle est fermée un mouvement circulaire ou elliptique. Or, si nous considérons les formes en tant que constituées par une série de points immobiles, nous aurons la géométrie statique ou géométrie proprement dite ; si nous considérons les formes en tant que *traces* des positions successives occupées par un point mobile, nous aurons la géométrie dynamique ou mécanique proprement dite. Appell (*Traité de mécanique rationnelle*) caractérise ainsi ces deux sciences : l'une, dit-il en substance, étudie la forme en fonction de l'espace, abstraction faite du temps, l'autre à la fois en fonction de l'espace et en fonction du temps. C'est là, au point de vue scientifique, une approximation suffisante, mais nous ne pouvons, au point de vue philosophique, nous en contenter. En effet, la notion de temps se ramène à la notion d'espace (voir *les Trois États psychiques*). Si un corps parcourt 5 mètres, pendant que l'autre en parcourt 15, nous disons que la vitesse du 2ᵉ est triple de la vitesse du 1ᵉʳ et le temps n'est que le rapport $\frac{5}{15}$ ou $\frac{1}{3}$ des espaces parcourus, ce que nous exprimons en disant que le 2ᵉ corps mettra une unité de temps (soit 1 seconde) et le 1ᵉʳ corps trois unités de temps (soit 3 secondes) pour parcourir le même espace (l'unité choisie étant arbitraire, pouvant être ou la minute ou *la seconde* ou la tierce). La géométrie et la mécanique ainsi définies sont tellement liées l'une à l'autre que souvent les considérations statiques et les considérations dynamiques se confondent, par exemple au moyen de la théorie des vecteurs, qui trouve son application à la fois en géométrie et en mécanique. La notion de force qui joue un grand rôle en mécanique aussi bien dans la statique que dans la cinématique et la dynamique (les trois divisions classiques) est elle-même une notion géométrique dérivée. Les forces en effet se mesurent toujours au moyen des accélérations ou vitesses d'un point matériel ; la notion d'*intensité* dérive donc de la notion d'*extensivité* et ne répond nullement, pas plus au point de vue scientifique qu'au point de vue philosophique, à l'idée toute subjective, très vague et non susceptible, par conséquent, de détermination quantitative précise, à l'idée, dis-je, d'effort à laquelle certains philosophes ramènent l'idée de force.

Dans les sciences numératives (arithmétique, algèbre) il est, à vrai dire, fait abstraction du point de vue statique ou du point de vue dynamique, néanmoins dans la pratique elles sont à chaque instant appliquées soit à la géométrie (point de vue statique), soit à la mécanique (point de vue dynamique); selon qu'il s'agit de déterminer les espaces *occupés* par une série de points ou les espaces *parcourus* par un point.

B) Sciences physiques.

Dans les sciences physiques générales (sciences physiques proprement dites) le point de vue dynamique a la prééminence sur le point de vue statique; dans les sciences physiques spéciales (sciences naturelles) au contraire, c'est le point de vue statique qui l'emporte sur le point de vue dynamique.

CHAPITRE VIII

DE LA MÉTHODE DANS LES SCIENCES

Au point de vue de la méthode, les sciences mathématiques ne diffèrent pas essentiellement des sciences physiques. A ce point de vue l'opposition bien marquée que nous avons établie entre les sciences des concepts et les sciences des percepts cesse d'exister. Les sciences ont pour but (aussi bien les sciences mathématiques que les sciences physiques) de chercher et de trouver des relations quantitatives entre des grandeurs, qu'il s'agisse d'une relation mathématique comme $V = \frac{4}{3}\pi R^3$ (volume de la sphère) ou d'une

6

relation physique comme $e = \frac{g t^2}{2}$ (espace parcouru par un corps tombant en chute libre).
Prenons, par exemple, la géométrie : ce ne
peut être que par l'observation attentive des
figures tracées sur le papier ou sur le tableau, ou même, dans la géométrie dans
l'espace, représentées en relief, comme le
firent les premiers géomètres et le font
encore les professeurs pour les débutants,
qu'il est possible de découvrir les relations
quantitatives entre les lignes, entre les surfaces, entre les volumes, ou entre les lignes
et les surfaces, les surfaces et les volumes, etc., relations variant à l'infini, d'égalité, d'équivalence, de similitude, qui constituent toute la géométrie. De même, si
étrange que cela puisse paraître au premier
abord, le géomètre fait un usage continuel
de l'expérimentation : car employer pour
démontrer un théorème ou résoudre un problème *des lignes de construction, construire*,
qu'est-ce autre chose que faire usage de

l'expérimentation, qu'expérimenter ? Le géomètre ne procède pas dans ce cas autrement
que l'observateur et l'expérimentateur en
physique ou en physiologie, c'est-à-dire
qu'il procède comme eux, par essais, par
tâtonnements, considérant tantôt un côté,
tantôt un autre, essayant tantôt une ligne,
tantôt une autre, hauteur médiane ou bis-
sectrice, etc., jusqu'à ce qu'il ait trouvé par
l'observation et l'expérimentation la ligne ou
la surface, l'angle plan ou l'angle dièdre
d'où dépend la démonstration du théorème
ou la solution du problème qu'il cherche. Il
les voit et il les trouve plus ou moins facilement, plus ou moins rapidement, parfois
immédiatement par une sorte d'intuition qui,
dans les mathématiques supérieures constitue le génie du mathématicien. Le rôle de
l'observation et de l'expérimentation en géométrie ressortira nettement des deux exemples suivants. Soit ce théorème : La ligne
brisée enveloppée AEC est plus courte que
la ligne brisée enveloppante ABC. Toute la

démonstration consiste dans la construction
ingénieuse (expérimentation) de cette ligne ED
et dans la considération attentive (observation) des triangles ABD, CED où, dans
chacun, l'un des côtés est plus petit que la
somme des deux autres, ce qui, *en éliminant*

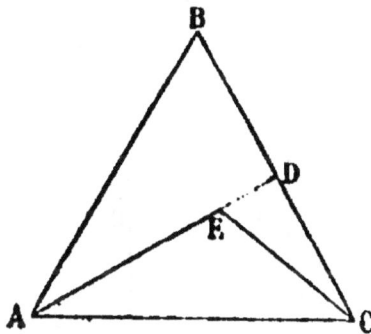

Fig. 1.

la ligne de construction ED (procédé général) démontre le théorème énoncé.

La démonstration du théorème de Pytha-
gore sur le carré de l'hypothénuse repose sur
la considération attentive des trois lignes de
construction AM, AE, CF ; elle consiste surtout à voir que les triangles BCF, BAE, ont
même base et surtout même hauteur, ce qui
demande justement une certaine sagacité

d'observation qui caractérise le mathémati-cien.

L'observation et l'expérimentation jouent aussi un rôle en arithmétique et en al-gèbre, ainsi que nous l'avons vu au cha-

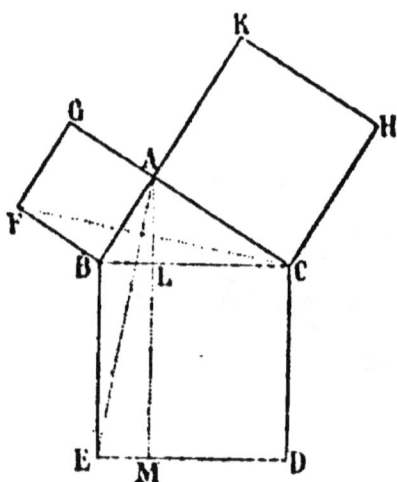

Fig. 2.

pitre consacré à l'induction. C'est l'observa-tion et l'expérimentation qui ont fait décou-vrir qu'en ajoutant à l'unité successivement tous les nombres impairs consécutifs, on obtient toujours un carré parfait : $1 + 3 = 4$; $4 + 5 = 9$; $9 + 7 = 16$; $16 + 9 = 25$; $25 + 11 = 36$, etc. ; 2° que les nombres premiers

6.

sont toujours des multiples de 6 augmentés
de 1 ou de 5 : 11 = m. de 6 + 5 ; 13 = m. de
6 + 1 ; 17 = m. de 6 + 5, etc. En algèbre
pour ne citer qu'un exemple très simple, la
résolution de l'équation $ax^2 + bx + c = 0$
repose sur l'expérimentation de ce $4a$ par
lequel on multiplie tous les termes, et sur
l'*observation* (il faut le voir) que $4\,a^2x^2 + 4\,abx$
est le commencement d'un carré parfait dont
le 3e terme est b^2, de sorte qu'on peut écrire
$(2ax + b)^2$.

Si paradoxal que cela paraisse, le rôle du
raisonnement est très effacé aussi bien dans
les sciences mathématiques que dans les
sciences physiques. Nous avons déjà vu qu'il
n'y a dans ces sciences ni induction ni déduction *logiques*, pour cette raison qu'il n'y
a pour ainsi dire pas de genres en mathématiques. Il ne reste donc que la déduction mathématique : A = B ; C = B ; donc A = C,
basée sur le principe d'identité. Or, nous verrons plus loin que ce principe et les axiomes
qui en découlent sont eux-mêmes réductibles

à une évidence, une intuition qui n'est elle-même à son tour qu'une observation ou une expérimentation primordiale. Ces axiomes étant établis *une fois pour toutes, par l'expérience,* c'est-à-dire par superposition, comme nous le verrons tout à l'heure, pour démontrer, par exemple, que les angles correspondants sont égaux, on n'a pas besoin de procéder par superposition, ce qu'on pourrait faire mais ce qui serait trop long pour peu que le théorème fût tant soit peu plus compliqué que celui-ci, on déduit cette égalité de celle des angles alternes-externes, qu'on n'a pas non plus démontrée par superposition, mais qu'on a déduite à son tour de l'égalité des angles alternes-internes, elle-même déduite du premier cas d'égalité des triangles rectangles, où l'égalité enfin est démontrée expérimentalement par superposition en appliquant directement le principe d'identité. En résumé, la déduction consiste à remonter de proche en proche à l'expérience primordiale faite une fois pour toutes, en se dispensant de la re-

nouveler dans les cas particuliers, soit sur
les lignes, soit sur les angles plans, soit sur
les surfaces, soit sur les angles dièdres,. etc.
Si l'on va au fond des choses, on verra qu'on
s'appuie non sur un raisonnement mais sur
une expérience, et que la déduction n'est pas
une conclusion rationnelle, mais une constatation expérimentale : « *Nous avons vu* que
deux angles qui... » etc.; « *nous avons vu* que
deux triangles qui... », etc., dit à chaque instant le géomètre, ce qui implique : ayant observé ou expérimenté ceci ou cela, nous
n'avons pas besoin de l'observer ou de l'expérimenter de nouveau pour *démontrer*, c'est-
à-dire *montrer* (le mot est suggestif) l'égalité
ou l'inégalité des figures considérées. Quoi
qu'il en soit, qu'on la considère d'une façon
ou d'une autre, la déduction mathématique
basée sur le principe d'identité est comme ce
principe tellement pauvre et tellement simple
que, si les mathématiques consistaient uniquement à faire des raisonnements déductifs
en appliquant le principe d'identité, elles

seraient elles-mêmes des sciences bien pauvres et bien simples, ce qu'elles ne sont certainement pas.

Mais les axiomes, propositions *évidentes* par elles-mêmes, comme on les dénomme, d'où l'on *déduit* les égalités ou les inégalités que l'on ne constate pas directement par l'observation ou l'expérimentation, c'est-à-dire par une aperception immédiate, ces axiomes, dis-je, ne sont eux-mêmes que des intuitions conceptuelles dérivées d'intuitions perceptuelles : ils constituent l'observation ou l'expérimentation primordiale et générale qui, *faite une fois pour toutes*, dispense le géomètre de la répéter dans chaque cas particulier. C'est ce que nous démontrerons pour les trois axiomes fondamentaux des sciences mathématiques :

1° Deux quantités égales à une troisième sont égales entre elles ;

2° Les sommes ou les différences de quantités égales sont elles-mêmes égales;

3° L'addition et la soustraction d'une même

quantité à ou de la même quantité ne modifient pas cette quantité.

1° Prenons d'abord le premier : deux quantités égales à une troisième sont égales entre
elles. Pour rendre plus concrète notre démonstration : deux cercles égaux à un troisième sont égaux entre eux, et mettons la

Fig. 3.

proposition sous la forme syllogistique : C
= A, or B = C; donc A = B; or, la conclusion A = B n'est pas, si l'on va au fond des
choses, une *conséquence rationnelle*, c'est purement et simplement une *constatation expérimentale*, à savoir que, superposés au disque C,
les disques A et B, vus de profil dans la
figure (et dont l'épaisseur, qu'on peut par la
pensée rendre aussi petite que l'on voudra,
est augmentée à dessein) ne font plus avec
lui qu'un seul disque ou un seul cercle, et
c'est cette réduction *expérimentale* de deux,

trois, quatre, cinq, etc. grandeurs à l'*unité* qui constitue l'*égalité*. Or, l'unité conceptuelle de deux, trois, quatre, cinq cercles abstraits, telle qu'on la voit avec les yeux de l'esprit, est dérivée de l'unité perceptuelle de deux, trois, quatre, cinq cercles concrets telle qu'on la voit avec les yeux du corps

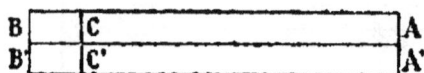

FIG. 4.

dans la superposition des disques. Et ce que nous disons des cercles égaux, nous pouvons le dire de toutes les grandeurs géométriques égales et de toutes les grandeurs égales en général.

2° Les sommes ou les différences de quantités égales sont elles-mêmes égales. Soient deux plaques rectangulaires en bois AB et A'B' vues de profil dans la figure et supposées égales, c'est-à-dire *coïncidant* parfaitement après avoir été superposées. Séparons par un trait de scie de la plaque *double* (AB, A'B')

constituant un rectangle unique, une petite
plaque rectangulaire *double* (CB, C'B') constituant un petit rectangle unique; nous cons-
taterons *de visu* que les deux plaques AC et
A'C' coïncident toujours, ce qui nous *montre*
l'égalité des deux différences. Si ensuite
nous rapprochons le rectangle double (CB,

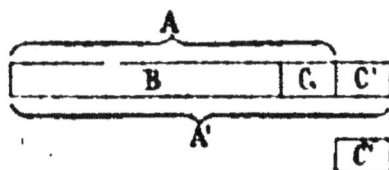

Fig. 5.

C'B') du rectangle double (AB, A'B'),
l'égalité des deux sommes nous *apparaîtra*
de même *évidente* ; nous sommes donc encore
en présence, non d'une *conclusion rationnelle*, mais d'une *constatation expérimentale*.

3° L'addition d'une part d'une quantité x
et la soustraction d'autre part d'une quantité
y égale à x à une même quantité et d'une
même quantité ne modifient pas cette même
quantité. Soit le rectangle A formé du grand
rectangle B et du petit rectangle C égal au

petit rectangle C'. Retrancher le petit rectangle C et ajouter au reste B, le petit rectangle C', comme ces deux petits rectangles
sont égaux *et par conséquent n'en font qu'un
« in abstracto »*, c'est comme si, après avoir
retranché C de A, on l'ajoutait (soit d'un côté
soit d'un autre) au reste B ou mieux comme
si on n'avait rien retranché du tout. Inversement, ajouter le petit rectangle C' et retrancher de la somme A', le petit rectangle C,
puisque ces deux petits rectangles sont
égaux et, conséquemment n'en font plus qu'un
in abstracto, c'est comme si, après avoir
ajouté C' à A, on le retranchait (soit d'un
côté, soit de l'autre) de la somme A' ou mieux,
comme si on n'avait rien ajouté du tout.

Le principe d'identité, tel qu'il est for-
mulé par la plupart des philosophes, est
d'une *évidence* tellement *évidente* que ce n'est
qu'une ridicule tautologie. « L'un est l'un —
l'autre est l'autre — ce qui est est — ce qui
n'est pas n'est pas — A est A — non A est non
A, etc. etc. » Et dire que c'est sur de tels non-

sens, de telles inanités et de telles insanités que Hegel, ce lourd Allemand, a fondé toute sa philosophie, qui serait plus justement dénommée philo-sophisme! Le véritable principe d'identité, dont l'axiome 1 est l'expression adéquate, est la constatation perceptuelle ou conceptuelle de l'identité de *deux* grandeurs, de *deux* formes, de *deux couleurs*, etc., qui séparées de leurs complexus (corps, objets) et réunis *in abstracto* ne font plus qu'une seule grandeur, une seule forme, une seule couleur. Or cette constatation est perceptuelle comme nous l'avons vu, dans l'axiome 1 : c'est la constatation visuelle, que, masqués l'un par l'autre, les trois disques se confondent en un seul. Pour constater une identité, il faut au moins *deux* choses : l'identité est la confusion en une de deux perceptions ou de deux conceptions. C'est A = B et non la confusion *d'une seule* perception ou *d'une seule* conception : A = A, ce qui est absurde.

CHAPITRE IX

NATURE DES PERCEPTS ET DES CONCEPTS

La nécessité, l'universalité, l'éternité sont
des caractères qui appartiennent d'une façon
absolue essentiellement aux principes des
sciences mathématiques, lesquelles ont pour
objets des concepts et n'appartiennent que
d'une façon relative aux sciences physiques
ayant pour objets des percepts. La somme
des trois angles d'un triangle est égale à deux
angles droits. Le rapport de la circonférence
au diamètre est un nombre constant, etc., etc.
Nous regardons ces propositions : 1° comme
nécessaires en tant que liées (*nexus*, lien) à la
constitution de notre intelligence qui ne peut

concevoir le triangle ou le cercle autrement
qu'il ne le conçoit, d'après la définition qu'il
en donne; 2° comme universelles et éternelles
en tant que vraies dans tous les lieux et
tous les temps où il existe des intelligences
semblables à la nôtre. Qu'il y ait des êtres
inférieurs pour qui ces concepts n'existent
pas, c'est ce dont nous ne pouvons douter,
étant donné l'état rudimentaire de la conception animale. Qu'il y ait des êtres supérieurs
qui aient d'autres conceptions que l'étendue
et la forme, cela est encore possible, mais
les propositions précédentes sont nécessaires, universelles et éternelles en tant
qu'elles existent chez tous les êtres ayant
cette conception du triangle ou du cercle et
c'est dans ces limites-là que nous l'entendons.
Nous n'avons rien, par exemple, à objecter à
cette opinion de Spinoza, que les attributs
de Dieu, c'est-à-dire de la nature, sont infinis.
Mais nous n'avons pas à nous occcuper ici de
cette question, nous n'avons à nous égarer
ni en deçà ni au delà des limites de notre

intelligence qui doit être et qui est pour nous, suivant la formule de Protagoras, la mesure des choses. Il est possible qu'il existe des êtres qui n'aient pas cette conception du triangle ou de la circonférence, ou des êtres supérieurs qui en aient d'autres, mais pour tous ceux qui ont cette conception, et c'est cela seul que nous affirmons, dans tous les temps et dans tous les lieux, les relations précédentes sont vraies et ne peuvent pas ne pas l'être.

Si du domaine des sciences mathématiques ou des concepts, nous passons à celui des sciences physiques ou des percepts, il en va tout autrement. Le savant (nous verrons pourquoi plus loin) élimine dans les phénomènes naturels qu'il observe ou sur lesquels il expérimente, ce qu'il y a de contingent, de local, de temporel, par exemple la résistance de l'air dans la chute des corps, le frottement du point de suspension dans le pendule, etc., etc. ; il trouve alors dans les lois *qu'il établit*, la nécessité, l'universalité, l'éternité

qu'il y a mises lui-même. Comment ? En iden-
tifiant les percepts physiques aux concepts
mathématiques, lesquels, eux, ont bien ce caractère de nécessité, d'universalité et d'éternité. La formule $V = \frac{4}{3}\pi R^3$, qui donne le volume d'une sphère concrète naturelle ou artificielle, n'est exacte qu'autant que cette sphère
est adéquate à la sphère abstraite, et elle
n'est approximative que dans la mesure où
elle s'en rapproche.

Les lois de Képler ne sont exactes que si
les orbites des planètes sont des ellipses parfaites adéquates à l'ellipse idéale conceptuelle
(ce qui n'est pas, à cause de l'attraction qui
s'exerce entre les planètes) et elles ne sont,
aussi, approximatives que dans la mesure où
elles s'en rapprochent. En d'autres termes, il
n'y a en géométrie appliquée (planimétrie,
takymétrie) ou en mécanique appliquée (mécanique industrielle ou bien physique) que des
lois approximatives et seulement dans la mesure où les formes ou les mouvements obser-

vés perçus se rapprochent des formes et des mouvements conçus en géométrie pure et en mécanique pure.

S'il est vrai de dire que dans les sciences mathématiques, sciences des concepts, il n'y a de science que du nécessaire, de l'universel, de l'éternel, au moins dans le sens relatif et limitatif énoncé précédemment, est-il vrai de dire qu'il n'y a de sciences que du général, c'est-à-dire *des genres?* Nous ne le pensons pas ; bien plus, cette opinion courante, tant ressassée dans les livres de philosophie, nous paraît non seulement fausse, mais absurde. Plus une idée est générale, moins elle a de compréhension, c'est-à-dire *moins de caractères* et, par conséquent, moins elle est susceptible de déterminations qualitatives ou quantitatives.

L'idée la plus générale, l'Être, dont la compréhension est *un*, ne peut être l'objet d'une science : quand on aura dit que l'Être a pour caractère l'existence, qu'il est l'unité, le *un*, on aura tout dit.

Si nous examinons cette proposition au seul point de vue géométrique, le genre éminent sera la forme, dont on peut admettre comme sous-genres les lignes, les surfaces et les volumes. Les lignes, les surfaces et les volumes auront à leur tour comme sous-genres respectivement les lignes droites ou brisées et les lignes courbes ; les surfaces polygonales et les surfaces courbes ; les volumes polyhédriques et les corps ronds ; enfin, au bas de l'échelle, pour ne citer que les principales, le cercle et l'ellipse, la sphère et l'ellipsoïde par exemple.

Or, non seulement il ne peut y avoir de science géométrique de la forme en général, mais même des lignes, des surfaces en général, mais même des lignes droites et des lignes courbes en général, des surfaces polyhédriques ou courbes en général, des volumes polyhédriques ou courbes en général.

Il n'y a pas en géométrie une formule qui s'appliquerait, par exemple, à la mesure du cercle et de l'ellipse et en géométrie analytique une équation commune au cercle et à l'ellipse; et on peut en dire autant de la sphère et de l'ellipsoïde. Ces figures sont des individualités géométriques et ce sont le plus souvent sur de telles individualités que porte la science géométrique.

En admettant même que cela ne fût pas rigoureusement exact, un fait resterait, à savoir que le nombre des déterminations quantitatives ou qualitatives étant en raison directe de la compréhension et par cela même en raison inverse de la généralité, moins l'objet de la science est général, plus la science a de complexité et de transcendance.

Mais on fait l'objection suivante : La formule $V = \frac{4}{3} \pi R^3$, par exemple, est *générale*, car elle s'applique à toutes les sphères. Point du tout; il n'y a pas plusieurs sphères dans le domaine conceptuel, le seul qui nous occupe ici, *il n'y a qu'une seule sphère*, une sphère unique, car il n'y a qu'une seule conception

7.

de la sphère, à savoir un volume dont la surface extérieure est à égale distance d'un point
intérieur appelé centre, *abstraction faite de
la grandeur*.

La sphère n'est pas un *genre*, dont toutes
les sphères de diverses grandeurs seraient des
espèces. Le genre, en effet, implique des différences spécifiques. Si tous les chiens de la
terre étaient identiques, il n'y aurait pas de
genre chien. Or tous les cercles et toutes les
ellipses sont identiques, donc elles ne peuvent constituer des genres.

S'il n'y avait dans le règne animal que
des chiens, ne différant que par la taille, il
n'y aurait pas de genre chien, le caractère
taille étant, en histoire naturelle, laissé de
côté, puisque la taille varie avec l'âge ou le
sexe ou la nutrition de l'animal, etc. Cepen-
dant dans le domaine de la zoologie, on le
comprendrait à la rigueur pour déterminer des
variétés indéterminables autrement ; mais
non en géométrie où l'on fait toujours abstraction de la grandeur absolue, pour ne con-

sidérer que les rapports entre les grandeurs, les grandeurs relatives. La classification des sphères d'après leur volume serait d'ailleurs impossible, car ce volume varie d'une façon continue de o à l'infini.

Toutefois si elle est tout à fait injustifiée dans les sciences mathématiques ou des concepts, la proposition précédente, à savoir qu'il n'y a de science que du général, est justifiée en un certain sens, si on l'applique aux sciences physiques ou des concepts. La formule : $V = \frac{4}{3} \pi R^3$, toute singulière qu'elle est en tant que ne s'appliquant qu'à un seul concept, le percept sphère, peut être, quoique non rigoureusement, dite générale, en ce sens qu'elle peut être appliquée à toutes les sphères concrètes naturelles ou artificielles dans la mesure où ces sphères ou plutôt ces sphéroïdes se rapprochent de la sphère abstraite conceptuelle, idéale. Dans ce sens, ces sphères concrètes peuvent être considérées comme des variétés imparfaites de la sphère par-

faite. Et alors, toujours dans ce sens, on peut
dire que dans les sciences physiques, il n'y a
de science que du général, dans ce sens que
la mesure d'un corps ou d'un mouvement ne
peut être regardée comme scientifique que si
la forme de ce corps ou de ce mouvement
est rapportée à ces formes ou à ces mouvements typiques, prototypes étudiés en géométrie et en mécanique, lesquels tout en
étant singuliers, ainsi que nous l'avons vu,
peuvent être dits généraux en tant que pouvant s'appliquer à toutes les formes concrètes
ou tous les mouvements concrets se rapprochant de ces formes et de ces mouvements
prototypes. Cela revient à dire que le phy-
sicien, en présence d'une forme ou d'un mouvement plus ou moins irrégulier ou plus ou
moins compliqué, doit s'efforcer de le ramener à une forme ou à un mouvement régulier ou simple en éliminant tout ce qui rend
irrégulier ou compliqué l'objet ou le phéno-
mène. C'est ce qu'il fait en réduisant dans
certains cas les corps à des points matériels,

exemple : pendule simple, ou en faisant
abstraction du mouvement qui peut changer
la forme d'un corps et même d'un astre
(exemple : aplatissement de la terre aux
pôles, résultant de la rotation) ou inversement de la forme qui peut changer le mouvement (exemple : forme des projectiles).
C'est ce que fait l'arpenteur en décomposant
un champ très irrégulier en triangles et en
trapèzes de l'imperfection desquels il fait
abstraction, etc., etc.

En résumé, si les sciences mathématiques
sont dites très justement sciences exactes,
les sciences physiques au contraire ne sont,
ainsi que nous l'avons vu, qu'approximatives.
Du point de vue statique ou géométrique, les
corps naturels ou artificiels dont le savant
est appelé à déterminer la mesure sont, par
exemple, plutôt des cycloïdes que des cercles,
des sphéroïdes que des sphères (en donnant
ici, à ces mots en ide (εἶδος, forme) le sens de :
formes se rapprochant du cercle, de la sphère
parfaite conceptuelle. Du point de vue dyna-

mique ou mécanique, même en mécanique
céleste où les mouvements ont une régula-
rité relative, les orbites des planètes ne sont
des trajectoires ni parfaitement circulaires,
ni parfaitement elliptiques. Si de l'astronomie
(physique céleste) nous descendons à la géologie (physique terrestre) pour arriver à la
physiologie végétale ou animale, qu'on pourrait appeler mécanique ou physique biolo-
gique, l'irrégularité des mouvements des organes macroscopiques ou microscopiques,
par exemple les mouvements péristaltiques
de l'estomac, les mouvements des cils vibra-
tics, les mouvements amiboïdes, les mouvements des segments chromatiques dans la
multiplication de la cellule ou *karyokinèse*,
est telle, qu'aucune détermination quantitative précise, formulable mathématiquement,
réductible à une loi mathématique générale,
n'est possible.

CHAPITRE X

ORIGINE DES PERCEPTS ET DES CONCEPTS

Il nous faut maintenant aborder une question très importante, celle de l'origine des percepts et des concepts, objets respectifs des sciences physiques et des sciences mathématiques. Les percepts dérivent-ils des concepts ou les concepts des percepts? Ou bien sont-ils indépendants les uns des autres? y a-t-il entre eux un abîme infranchissable, sont-ils irréductibles les uns aux autres, ainsi que pourrait le faire croire la distinction capitale que nous avons faite? C'est ce que nous allons examiner. Pour Platon, le monde des choses, le monde de l'autre dérive du monde des idées, du monde de l'un, dans le langage philosophique moderne, le monde des percepts du monde des concepts. Or c'est, ainsi que nous l'allons voir, tout le contraire, les concepts sont dérivés des percepts. L'idée du cercle parfait n'est pas une idée innée, mais simplement la représentation mentale rectifiée de l'image du cercle imparfait telle qu'elle est donnée dans la représentation visuelle. Mais comment opérons-nous cette rectification si nous n'avons pas dans notre esprit l'idée du cercle parfait? De la façon suivante :

En présence d'un cercle imparfait, c'est-à-dire dont les rayons sont inégaux, il nous suffit de supposer mentalement les rayons égaux pour obtenir au lieu de *l'image* du cercle imparfait *l'idée* du cercle parfait. Mais évidemment, dira-t-on, la question n'est que reculée, d'où nous vient le concept d'égalité? Du percept d'égalité. Si je superpose deux lignes droites ou, pour rendre plus *évidente* la *démonstration*, deux bandes rectangulaires de papier et qu'elles soient complètement *masquées* l'une par l'autre, c'est-à-dire ne se dépassent l'une l'autre ni à droite, ni à gauche, de façon à ce que je ne voie plus qu'une seule bande, j'acquiers par le fait de cette coïncidence, de cette *confusion*, *le concept d'égalité* qui est dérivé directement *du percept d'égalité*. C'est en vain qu'on objectera que, avec un œil plus perçant ou avec une loupe, je constaterais que la coïncidence n'est pas parfaite. Peu importe, il suffit qu'à l'œil nu j'aie constaté la coïncidence parfaite pour que j'acquière l'idée d'égalité. Les choses sont telles qu'elles nous apparaissent au moment où nous les percevons : *est percipi esse*. A dix mètres, la ligne tracée à la craie sur le tableau noir, m'apparaît droite, à un mètre elle m'apparaît brisée : je n'en ai pas moins eu à dix mètres la perception de ligne droite et cette perception suffit à me donner la conception de ligne droite. Or, pour revenir à notre démonstration, une fois acquise par la perception la conception d'égalité, il m'est facile de rectifier mentalement les cercles, les ellipses, les carrés, les rectangles, etc., en supposant égales dans la conception, des lignes qui sont iné- gales dans la perception : pour le cercle, de supposer par la pensée égaux, les rayons qui à la vue sont inégaux.

CHAPITRE XI

SCIENCES COSMOLOGIQUES ET
SCIENCES NOOLOGIQUES

Les sciences cosmologiques ou somatolo-
giques étudient les corps en tant que repré-
sentations perceptuelles (sciences physiques)
ou conceptuelles (sciences mathématiques)
en fonction de la forme et de la grandeur ;
elles consistent essentiellement à déterminer
les rapports qualitatifs ou quantitatifs existant entre ces formes ou ces grandeurs. Or,
les sciences noologiques ou psychologiques
au sens le plus général du mot, font abstraction de la forme et de la grandeur pour ne
considérer que les percepts et les concepts

en eux-mêmes ou relativement aux personnes psychiques dans lesquels sont individualisés ces percepts et ces concepts. Par une *fiction*, qui date de plusieurs siècles et qui est de moins en moins prise pour une réalité, ces personnes psychiques sont considérées comme des entités inétendues, distinctes et indépendantes des percepts et des concepts, alors que ce ne sont que les déterminations phénoménales, elles-mêmes considérées en tant qu'individualisations nouménales (voir *les Trois États psychiques*). Quoi qu'il en soit, ces individualisations, qu'on les appelle noumènes, ou esprits, ou âmes, ou monades, ou centres de conscience, etc., etc., constituent des *personnes* intellectuelles et morales, auxquelles sont rapportés les perceptions et les conceptions, les jugements, les raisonnements, les actes volontaires ou involontaires, et qui ont des rapports entre elles dans la famille et dans la société. Or, tandis que *les sciences psychologiques* étudient les personnes intellectuelles et morales en tant que pensantes ou sentantes, *les sciences sociolo-giques* étudient les rapports de ces personnes entre elles. Si c'est au point de vue des relations politiques, on a *les sciences politiques;* si c'est au point de vue des relations économiques, on a *les sciences économiques.* Il importe d'ailleurs de distinguer d'une part les arts politiques, des sciences politiques, d'autre part les arts économiques des sciences économiques : le droit international public ou privé, le droit public et administratif, le droit civil, le droit pénal, etc., en tant que codifiés et sanctionnés par la loi de chaque peuple, sont plutôt des arts que des sciences politiques; les lois sur la propriété, la vente et l'achat, etc., sont, en tant qu'applications pratiques, plutôt des arts que des sciences économiques.

Une dernière question se pose : qu'est-ce que la philosophie et dans quel groupe faut-il la ranger? Évidemment dans la classe des sciences noologiques, puisque, comme ces sciences, il est fai' abstraction des formes et des grandeurs et des rapports entre les formes et entre les grandeurs. Mais quel est son domaine ? Il est très vaste et nous allons essayer de le définir. *a*) Comme savant, l'homme a un but, la recherche de la vérité. Or, qu'est-ce que la vérité ? qu'est-ce que l'erreur ? Ce sont des questions auxquelles s'efforce de répondre la métaphysique critique, questions dont le savant n'a cure, ou du moins dont il ne s'occupe pour ainsi dire pas. *b*) La science a un objet : la détermination des relations quantitatives ou qualitatives entre les percepts et entre les concepts, relations existant dans le temps et dans l'espace entre les corps. Or, qu'est-ce que le temps ? qu'est-ce que l'espace ? qu'est-ce qu'un corps ? qu'est-ce que l'esprit qui le perçoit ? Qu'est-ce que la substance matérielle ? qu'est-ce que la substance spirituelle ? Existent-elles ou n'existent-elles pas ? A ces questions que le savant laisse aussi de côté, la métaphysique formelle répond. *c*) Dans ses recherches le savant fait usage de fa-

cultés : il perçoit, conçoit, juge, raisonne.
Or, qu'est-ce que la perception, la conception, le jugement, le raisonnement ? Il ne s'en
occupe pas davantage. Or, la partie de la
psychologie qui traite spécialement des facultés intellectuelles s'en occupe pour lui.
d) Enfin le savant se sert de ses facultés
d'une façon ou d'une autre, avec telle ou
telle méthode, empiriquement, au petit bon-
heur, sans se demander en quoi consiste la
méthode dans les sciences, quelle est celle
qui convient à l'une et celle qui convient à
l'autre. Or, cette partie de la psychologie qui
traite spécialement de la logique, a pour but
d'élucider et d'approfondir ces questions.
Ainsi donc, et seulement au point de vue du
but théorique ou spéculatif poursuivi par
l'homme en tant que savant « *scientist* »
comme disent les Anglais, on voit qu'il y a,
en dehors de la science proprement dite, un
domaine très étendu, dont le savant de pro-
fession ne s'occupe pas. Mais ce domaine
est bien plus étendu encore.

L'homme poursuit sur terre des buts pratiques : *a*) il recherche le bien, il recherche le beau : qu'est-ce que le bien ? qu'est-ce que le beau ? *b*) Cette recherche a un objet : la détermination des rapports entre les choses bonnes et entre les choses belles : Quelle est la nature de ces rapports ? *c*) La conscience, le goût sont des facultés qui lui servent à sentir le bien et le beau : Qu'est-ce que la conscience ? qu'est-ce que le goût ? *d*) Par quels moyens parviendra-t-il à réaliser le bien ou le beau ? A toutes ces questions répondent l'éthique et l'esthétique. Eh bien, la philosophie est l'ensemble de toutes les sciences noologiques, envisagées à un point de vue synthétique, comme la considération à la fois des causes, des moyens et des fins. C'est donc non seulement l'alpha et l'oméga de la science, mais toutes les lettres intermédiaires entre l'alpha et l'oméga. C'est la science des premiers et des derniers principes et des principes intermédiaires. Elle n'est ni la psychologie, ni la logique, ni l'éthique, ni l'esthétique, ni la métaphysique; elle est la coordination de toutes ces sciences noologiques dans une conception générale, qui varie avec chaque système philosophique : les idéalistes ont une psychologie, une logique, une éthique, une esthétique, une métaphysique différentes de celles des réalistes, ce qui prouve que la philosophie est une synthèse, un système, un tout bien lié dont toutes les parties sont solidaires les unes des autres et du tout.

8

APPENDICE

NOTES COMPLÉMENTAIRES

Note 1. — Les « postulata » doivent être, selon nous, rayés de la géométrie.

a) Soient d'abord ces deux propositions considérées généralement comme des postulata :

1° D'un point à un autre, on ne peut mener qu'une droite.

2° D'un point à un autre, le plus court chemin est la ligne droite.

Il est évident que la première proposition ne doit pas être considérée comme un « postulatum », car elle découle directement de la seconde. En effet, si la ligne droite est *parmi*

tous les chemins le plus court chemin, c'est
que le plus court chemin est unique, par conséquent, il ne peut y avoir qu'une droite unique de A à B.

Mais cette deuxième proposition n'est pas
non plus un « postulatum » mais purement
et simplement *la conception* que nous nous
faisons de la ligne droite, c'est-à-dire *la définition* de la ligne droite, que les géomètres
prétendent bien à tort ne pouvoir définir. Si
la droite n'était pas définie, c'est-à-dire con-
çue, les deux prétendus postulats n'auraient
d'ailleurs plus aucun sens, portant sur une
chose qui ne serait pas une chose, mais rien.

b) Prenons maintenant le fameux postulatum d'Euclide :

D'un point pris hors d'une droite on ne peut
mener qu'une parallèle à cette droite.

Or, comment prouve-t-on qu'on peut en
mener *une* ? En montrant (fig. ci-jointe) qu'on
peut de deux points différents A et C mener
deux perpendiculaires à une même droite AC,
et que ces deux perpendiculaires ne se ren-

contreront pas, si loin qu'on les prolonge. Or, du point A on ne peut mener qu'une perpendiculaire à A C; donc on ne peut aussi de ce point A mener qu'une parallèle à CD. Le plus piquant, c'est que les géomètres s'appuient sur ce fameux postulatum, *qui*

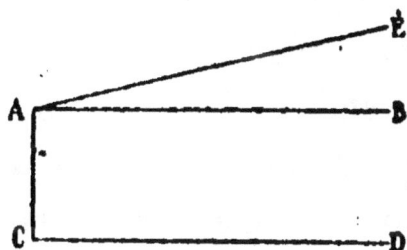

Fig. 6.

n'en est pas un, pour prouver que si deux lignes sont parallèles, toute perpendiculaire à l'une est perpendiculaire à l'autre, alors que précisément c'est le postulatum qui découle de ce théorème.

REMARQUE. — Il est intéressant de remarquer que dans le langage ordinaire le chemin *le plus direct* et le chemin *le plus court* sont synonymes, ce qui prouve bien que la proposition 2 est bien l'expression de *la concep-*

*ti*on que tout le monde a de la *ligne droite*
ou *ligne directe*, c'est-à-dire est bien une définition et non un postulatum.

Note 2. — « Tous les angles droits sont
égaux » *par la définition* des angles droits
et de la perpendiculaire et non par *la démonstration* qu'on en donne en s'appuyant
sur le premier théorème de la géométrie : Par un point pris sur une droite on
peut toujours mener une perpendiculaire à
cette droite et on ne peut en mener qu'une
seule.

En effet, par définition, *deux angles droits
sont des angles adjacents égaux*, et comme
deux angles droits quelconques peuvent toujours, en mettant un des côtés de l'un sur le
prolongement de l'un des côtés de l'autre, de
manière à ce que les sommets soient contigus,
être rendus adjacents, ils sont par cela même
égaux *par définition.*

Note 3. — On peut très bien, pour démontrer le troisième cas d'égalité des triangles :
Deux triangles qui ont leurs trois côtés égaux

8,

chacun à chacun sont égaux, se passer du fameux lemme :

Quand deux angles ont un angle inégal compris entre deux côtés égaux chacun à chacun, au plus grand angle est opposé le plus grand côté.

Transportons DF' sur AC de façon à faire

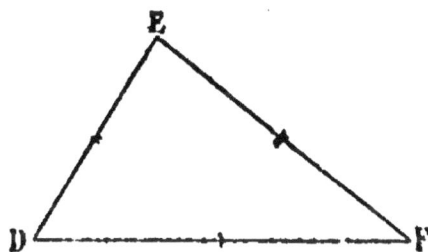

FIG. 7.

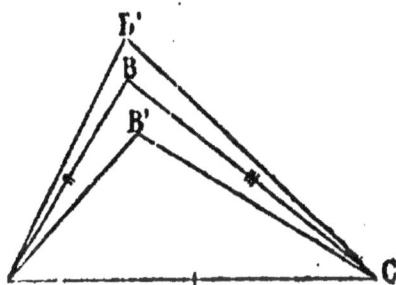

FIG. 8.

coïncider ces deux lignes, D tombant en A et F en C. Les côtés DE et FE prendront une direction quelconque et se rencontreront en un point B' en dedans ou en dehors du triangle ABC ou au point B. S'ils se rencontrent au point B, les triangles coïncident et le théorème est démontré. S'ils se rencontrent *en dehors* « la ligne brisée enveloppante étant plus grande que la ligne brisée enveloppée, » on aura $AB' + CB' > AB + CB$, ce qui est contraire à l'hypothèse. S'ils se rencontrent *en dedans*, « la ligne brisée enveloppée étant plus petite que la ligne brisée enveloppante », on aura : $AB' + CB' < AB + CB$, ce qui est encore contraire à l'hypothèse. Il faut donc que E tombe en B.

TABLE DES MATIÈRES

4093. — TOURS, IMPRIMERIE E. ARRAULT ET Cⁱᵉ.